PORVS

OV LA

GENEROSITE'

D'ALEXANDRE:

TRAGEDIE.

A PARIS,

Chez TOVSSAINCT QVINET, au Palais, fous la montée
de la Cour des Aydes.

M. DC. XLVIII.

AVEC PRIVILEGE DV ROY.

A MONSIEVR

MONSIEVR

LE CHEVALIER

DE RIVIERES

CONSEILLER DV ROY EN SES
CONSEILS, GOVVERNEVR DE LA VILLE
d'Espernay, premier Gentilhomme de la Chambre
de Monseigneur le Prince, & Gouuerneur pour
son Altesse de la Ville & Chasteau de Nerac, &
Duché d'Albret.

MONSIEVR,

Comme ie n'ay autre dessein, en vous
offrant cét ouurage, que de vous témoi-

ã

gner, combien ie vous honore, ie n'ay pas beaucoup examiné s'il eſtoit digne de vous eſtre offert : L'impatience que i'auois de vous rendre ce deuoir, a arraché ce preſent de mes mains pour le mettre dans les voſtres, ſans en conſiderer la valeur : Et ie ne pretens pas ſurprendre voſtre iugement par l'illuſtre titre que ie luy fais porter, qui ſemble vous promettre quelque choſe de grand. Pour moy ie le croy tres-mediocre, & peut-eſtre au deſſous de l'approbation qu'il a receuë ſur le Theatre, ſi ce n'eſt qu'il fuſt aſſez heureux pour meriter la voſtre. S'il arriuoit toutefois qu'il n'euſt pas l'heur de vous plaire, ie me conſolerois aiſément de ſa diſgrace, pourueu qu'il fuſt enuers vous vn témoignage de mes reſpects & de l'eſtime que ie fais de voſtre merite : Ie borne toute mon ambition à ce glorieux auantage ; Sçachant bien, MONSIEVR, que ces belles qualitez qui vous ont acquis auec iuſtice la veritable reputation de Gentilhomme tres-accomply ; Que cette iudicieuſe conduite qui vous faict reüſſir dans

les emplois les plus difficiles, & qu'en fin
cette adreſſe d'eſprit qui vous a faict meriter la confiance de noſtre GRAND PRINCE,
vous donnent vne place à la teſte de ces ouurages qui ne meurent iamais, & qui font
durer autant qu'eux la gloire de leurs pro-
tecteurs. Auſſi voyant le peu de raport
qu'il y a de ce trauail auec la dignité de voſtre protection, ie n'ay garde de la luy promettre, quoy que i'oſaſſe eſperer aſſez legi-
timement de l'obtenir de cette genereuſe
bonté, qui ſe rend ſi facile à tous ceux qui
l'implorent, & qui eſt deſia venüe iuſqu'à
moy par le reſſentiment que ie dois à toutes les graces que mes plus proches en ont
receües. Ie rens, MONSIEVR, ce reſpect
à vos ſentimens, de ne vouloir pas leur faire quelque violence en faueur de cette pie-
ce, quoy que ie ſçache bien que voſtre eſtime, à quelque titre qu'elle l'obtint, luy
pourroit acquerir infailliblement celle du
public, ie me reſerue de la demander pour
des efforts plus grands & moins indignes
de cette faueur, puiſque ie fais vœu dés à

prefent de mettre entre vos mains le deftin
de tous mes ouurages, & d'abandonner
entierement leur reputation à la iuftice de
voftre iugement. Agreés cependant, que
ie me ferue de celuy-cy pour auoir l'honneur de vous faire la reuerence, & de vous
affeurer que ie fuis veritablement,

MONSIEVR,

Voftre tres-humble, tres-
obeiffant & tres obli-
gé Scruiteur B.

Extraict du Priuilege du Roy.

PAr grace & Priuilege du Roy donné à Paris le vingt-
iefme Nouembre mil fix cens quarante-fept, figné, Par
le Roy en fon Confeil, le Brun. Il eft permis à TOVSSAINCT
QVINET, Marchand Libraire à Paris d'imprimer ou faire
imprimer vne Tragedie intitulee *Porus, ou la generofité d'A-
lexandre*, & ce durant le temps & efpace de fept ans entiers
& accomplis, à compter du iour que ledit Liure fera acheué
d'imprimer, & defenfes font faites à tous autres d'en vendre
ny diftribuer d'autre impreffion que de celle qu'aura faic
ou fait faire ledit Quinet, à peine de trois mil liures d'amen-
de, ainfi qu'il eft plus amplement porté par les lettres qui
font en vertu du prefent Extraict tenuës pour bien & deuë-
ment fignifiees, à ce qu'aucun n'en pretende caufe d'igno-
rance.

Acheuée d'imprimer pour la premiere fois le vingt-
huictiefme Fevrier 1648.

Les Exemplaires ont efté fournis.

PERSONNAGES.

PORVS,	Roy des Indes.
ARGIRE,	Femme de Porus.
ORAXENE,	Fille de Porus.
CLAIRANCE,	Fille de Porus.
CLARICE,	Confidente d'Argire.
PHRADATE,	Escuyer d'Argire.
ARSACIDE,	Prince des Indes.
ALEXANDRE,	
PERDICCAS,	Prince de Macedoine.
ORONTE,	Capitaine des Gardes d'Alex.
TROVPE DES GARDES.	

prisonnie-res d'Ale-xandre.

La Scene est dans le camp d'Alexandre sur les bords du fleuve Hydaspe.

PORVS

PORVS,

OV

LA GENEROSITE'

D'ALEXANDRE.

ACTE I.

SCENE PREMIERE.

ALEXANDRE, PERDICCAS, ORONTE.
ALEXANDRE.

NFIN voici le iour fauorable à ma gloire,
Qui finiſſant la treue auance ma victoire ;
Puiſque Porus d'accord auecque mes ſouhaits
Semble ne plus ſonger à demander la paix.
Perdiccas, toy qui fis ſa premiere deffaite,
Songe à ne point laiſſer ta victoire imparfaite ;

A

Tu m'as defia liuré ce qu'il a de plus cher;
Il adore fa femme & ne peut l'approcher :
Depuis qu'elle eft aux fers, fa valeur endormie
Semble fuiure en prifon cette illuftre ennemie;
Et fon cœur amoureux preffé de fa douleur
N'exhale qu'en foupirs fa premiere chaleur.
Va, fais que fans tarder nos troupes triomphantes
Pouffent iufques au bout fes cohortes tremblantes :
Nos deftins font trop beaux pour s'acheuer ainfi,
Et nos premiers combats ont trop bien reüßi.

PERDICCAS.

Ne vous eftonnez point en l'eftat où vous eftes
Si i'ofe m'oppofer aux cours de vos conqueftes:
Voyant que le bonheur marche à voftre cofté,
Tant d'obftacles vaincus, l'Hydafpe furmonté,
Porus prefque deffait, fes troupes eftonnees,
Sa femme dans les fers, fes filles enchaifnees,
Quelque ardeur, dont pour vous ie me fente piquer,
Mon courage fremit, quand ie vais l'attaquer;
Et malgré les efforts d'vne ardeur fi preffante,
La pitié rend pour luy mon ame languiffante.
Que la mefme pitié vous parle en fa faueur;
Rendez-vous fauorable à fon Ambaffadeur;
Defia quelques Courriers annoncent fa venuë.

ALEXANDRE.

Cette pitié pour luy ne m'eft pas incognuë:

De mon dernier triomphe elle a rompu le cours ;
Et me couste desia la perte de deux iours :
Il est temps qu'en ces lieux i'acheue ma conqueste;
Et que i'y fasse choir la derniere tempeste.
Ie ne puis qu'auec honte, ayant trop attendu,
Respondre à ma valeur du temps que i'ay perdu.
Puisque c'est auiourd'huy que doit finir la tréve,
Que Porus en profite autant qu'elle s'acheue;
Ie vay donner bon ordre à ce dernier combat.
Et toy mets pour demain les troupes en estat.

SCENE II.

PERDICCAS, ORONTE.

PERDICCAS.

Que ie combatte encor le pere de Clairance !
Ah ! mon amour s'oppose à cette obeissance ;
Et malgré ses rigueurs, & malgré mon deuoir
Elle prend sur mon cœur vn absolu pouuoir.
Fidele confident de ma secrette flame
Que d'ennemis cruels tyrannisent mon ame !
Alexandre & Clairance y regnent à leur tour;
Et quand ie n'y voudrois receuoir que l'amour,

Vn jaloux defefpoir auec elle y prefide.
Clairance (me dit-il) n'eft que pour Arfacide.

ORONTE.

Ie vous plains. Mais, Seigneur, comment l'auez-vous
    fceu ?

PERDICCAS.

Alors que fur l'auis que i'en auois receu ;
Auec cinq cens cheuaux dans la foreft prochaine,
Ie furpris les foldats qui conduifoient la Reyne ;
Attale en combattant du cheual renuerfé,
Alloit eftre des miens de mille coups percé ;
Ie lui fauuay le iour, & pour ce bon office
Il m'a depuis rendu ce fignalé feruice ;
Sçachant quel rang Porus luy donne dans fa cour ;
Ie creus que ie deuois luy fier mon amour ;
Il m'efcrit que Clairance eft ailleurs engagee.
Mais pour rendre le calme à mon ame affligee,
Il flate mon efpoir, & contre mon riual
Me promet vn fecours qui lui fera fatal ;
Ie m'en tais par fon ordre, & ie cache à Clairance
De mes jaloux foupçons la iufte defiance.
Mais adieu ; cet obiet fe prefente à mes yeux,

SCENE III.

PERDICCAS, CLAIRANCE s'enfuit le voyant.

PERDICCAS.

F Aut-il que mon abord vous chasse de ces lieux ?
Quoy ! serez-vous tousiours à ce poinct insensible ?
Dieux quel est mon destin ! helas est-il possible !
Que ce cœur qui pour vous souffre mille trespas,
Treuue tant de rigueurs où regnent tant d'appas ?

CLAIRANCE.

Perdiccas c'en est trop ; ce procedé m'offence :
Si vous auiez pour moy la moindre complaisance ;
Apres ce que i'ay dict pour en rompre le cours,
Vous ne me devriez plus addresser ce discours.
Loing de vous souuenir que Porus est mon pere ;
Que vous mistes aux fers & ma sœur & ma mere....

PERDICCAS.

Madame ...

CLAIRANCE.

Laiſſez-moy ; conſiderez mes fers ;
N'eſtes-vous pas l'autheur des maux que i'ay ſouffers ?
Et cependant . . . . .

PERDICCAS.

Helas ! conſiderez Clairance
Si c'eſt ou mon malheur, ou moy qui vous offence ;
L'aueugle deïté qui preſide aux combats
M'a fait vous offenſer, ne vous cognoiſſant pas ;
I'attaque en ennemy l'ennemy d'Alexandre ;
Apres vn long combat ie le force à ſe rendre ;
Vn ſuccez que mon cœur aborre auec raiſon,
Fait tomber en mes mains toute voſtre maiſon ;
Vous eſtes priſonniere ; & bien voila mon crime ;
Voſtre hayne, Madame, eſt-elle legitime ?
L'amour punit-il pas aſſez cruellement
Ce malheur arriué ſans mon conſentement ?
A peine le Dieu Mars amoureux de ma gloire ;
Sembloit vous attacher au char de ma victoire,
Que voſtre œil adorable amuſant ma raiſon
Dans mon char triomphant me menoit en priſon ;
Ne vous cognoiſſant pas ie vous ay deſſeruie,
Vous pour qui maintenant ie donnerois ma vie.
Vous pour qui . . .

CLAIRANCE.

Brisons là : ie n'en ay que trop sceu.

PERDICCAS.

Ah! vous ne sçauez pas tout ce que i'ay conceu.
Je veux vous satisfaire au despens de ma vie ;
Vostre iniuste rigueur dans mon sang assouuie
Perdra le souuenir de ce funeste iour,
Qui me vit offenser l'obiet de mon amour.
Ouy, ce bras pour Clairance à moy-mesme funeste
Va tirer de ce flanc tout le sang qui lui reste,
Et puis que ma douleur ne la satisfait pas,
Je ne balance point à courir au trespas :
Trop heureux, si ma mort, inhumaine Clairance,
Signalant mon amour plaist à vostre vengeance ;
Trop heureux, si ie puis en me priuant du iour,
Seruir à vostre haine, autant qu'à mon amour.
Mais pourray-ie percer ce cœur qui vous adore ?
Mais vous me l'ordonnez, & ie conteste encore !
Ah! i'y cours, i'obeïs, & le trespas m'est doux,
Puis qu'il le faut souffrir & par vous & pour vous.
C'est le seul auantage où mon amour aspire ;
Ie verse auec plaisir le sang qui vous sceut nuire ;
Et voyant par mes vœux vostre esprit offencé
Je rougis du regret d'auoir tant balancé.

CLAIRANCE.

Ah! plutoft rougiffez d'en auoir la penfee;
Par voftre defefpoir vous m'auez offenfee;
Et foubçonner en moy tant d'inhumanité,
C'eft plus que de m'auoir ofté la liberté.
Prince cognoiffez mieux les bontez de Clairance.

PERDICCAS.

Et c'eft de ces bontez, dont ie doy la vengeance.

CLAIRANCE.

Mais vous m'offrez en vain vn fecours eftranger,
Quand celuy de mon pere eft preft à me vanger;
Dedans voftre deffaite il cherche fa victoire;
Ne vous dérobez point à l'éclat de fa gloire;
Vous cherchez vn trépas, que i'empefche auiourd'huy,
Pour le rendre plus noble, & pour vous & pour luy.
Porus vous va reduire au poinct de vous defendre;
Il vous cherche plutoft, qu'il ne cherche Alexandre;
Ne vous defrobez point à fa iufte douleur.

PERDICCAS.

Et bien ie vay m'offrir, Madame, à fa valeur;
Ce cœur infortuné luy doit cette victime.

CLAI-

CLAIRANCE.

Mais helas pourroit-il vous immoler sans crime!
Le coup qu'il porteroit seroit trop inhumain,
Et ie ferois des vœux, pour desarmer sa main.
Vous auez adouci la prison de Clairance;
Elle vous doit au moins cette recognoissance,
Et les soins obligeans qu'elle a receus de vous
Estouffent la moitié de son iuste courroux.
Mais :..

PERDICCAS.

Et bien prononcez.

CLAIRANCE.

Dieux que ie suis sensible!
Ie deuois le haïr, mais il m'est impossible.

PERDICCAS.

Ne me faites point grace ou iustice à demy.

CLAIRANCE.

Ie commence à le voir sans voir mon ennemy,
Calmez ce desespoir; viuez.

PERDICCAS.

Helas! Princesse
Que la foible pitié qui pour moy s'interesse,

B

En deſtournant ma mort me ſçait mal ſecourir;
Vous deuez me laiſſer eſperer, ou mourir.
L'on des deux doit finir mes mortelles allarmes :
Parlez.

CLAIRANCE.

Que ie ſçay mal reſiſter à vos larmes!
Mais auſſi dans l'eſtat où nous reduit le ſort,
Que i'ay peu de pouuoir d'empeſcher voſtre mort!
Ce que vous demandez, n'eſt pas en ma puiſſance,
Pourray-je à vos deſirs donner quelque eſperance?
Ie ſuis fille d'vn Roy, contre qui le malheur
Encore tous les iours arme voſtre valeur.
Iettez les yeux ſur luy, regardez Alexandre;
Et me dittes apres, que pouuez-vous pretendre?
Viuez, Prince viuez, mais ſans ſonger à moy;
Abandonnez Clairance; & ſeruez voſtre Roy.

PERDICCAS.

Ie l'ay quitté pour vous, dans ce deſordre extréme
Ie puis bien le quitter en me quittant moy-méme;
Ie ne ſuis plus à luy; ie ne ſuis plus à moy;
Et vous ſeule auez droit de me donner la loy.
Mon amour m'a rendu malgré ma reſiſtance,
De ſujet d'Alexandre eſclaue de Clairance,
Eſclaue temeraire infidele ſujet;
Pouuois-je reſiſter à ce diuin objet?

Non ; puis qu'il falloit estre insensible ou rebelle :
Falloit-il pas quitter Alexandre pour elle ?
Comme si sa rigueur s'oppose à mon amour ,
Si Clairance me hait ; il faut quitter le iour.

CLAIRANCE.

Ah ! ie ne vous hay point.

PERDICCAS.

        Mais vostre indifference
M'ordonne de mourir en m'ostant l'esperance.
Ou souffrez que i'espere , ou ne pretendez pas
Que ie puisse vn moment differer mon trépas.

CLAIRANCE.

Esperez.

PERDICCAS.

O bonté qu'il faut que ie reuere !

CLAIRANCE.

Mais puis-je ainsi traitter l'ennemy de mon pere ?

PERDICCAS.

Vous voulez donc ma mort.

CLAIRANCE

Ah que vous me preſſez !

PERDICCAS.

Helas ie cognoy bien à vos ſoupirs forcez,
Que vous m'allez defendre vn eſpoir legitime.

CLAIRANCE.

Je ne vous defends rien, Prince ie vous eſtime.
Eſperez i'y conſens ; mais cachez bien vos feux.
Peut-eſtre que les Dieux reſpondront à vos vœux.

PERDICCAS.

De quel plus doux eſpoir peut-on flater mon ame ?

CLAIRANCE.

Prince la Reyne vient, cachez luy voſtre flame.

PERDICCAS.

O ! Dieux que cet abord me couſte de plaiſirs !

SCENE IV.

ARGIRE, PERDICCAS, ORAXENE, CLARICE.

ARGIRE.

Quelque iuste douleur qui forme nos soupirs,
Nous ceßons de treuuer nostre sort déplorable;
Depuis qu'à nos ennuis vous estes fauorable.

PERDICCAS.

Pour l'estre auec succez que ne m'est-il permis
De vous offrir ce bras contre vos ennemis ?
Et de la mesme main qui fit naistre vos peines
Leur rendre vos malheurs & détacher vos chaisnes ?
Que ne puis-ie guerir tout le mal que i'ay fait ?
Hé bien iniuste sort n'és-tu pas satisfait ?
Ie voudrois; & ne puis luy rendre sa victoire,
Il ne m'a fait iouïr que d'vne fauße gloire
Que mon cœur indigné ne peut que detester ,
Puis qu'au prix de vos fers il falloit l'acheter.
Ah! combien le regret m'en est insupportable !
Mais las que ce regret vous est peu profitable !

A vos maux effectifs, à vos ennuis pressans
Il n'offre que des vœux, & des vœux impuissans.

ARGIRE.

Bien-tost vostre secours nous sera plus vtile;
A nostre Ambassadeur vous rendrez tout facile:
Et quoy qu'il puisse offrir pour nostre liberté,
I'espere moins de luy, que de vostre bonté.

PERDICCAS.

De mon peu de credit il ne faut rien attendre;
Mais i'ose vous iurer cognoissant Alexandre,
Qu'il n'est pas en estat de vous rien refuser.
Et de tout mon pouuoir ie vay l'y disposer.

SCENE V.

ARGIRE, ORAXENE, CLAIRANCE.

ARGIRE.

QVe les Grecs ont sur nous des auantages rares!
Et que c'est à bon droict qu'ils nous nomment
barbares!

ORAXENE.

Ce Prince vaut beaucoup.

CLAIRANCE.

Enfin le Ciel nous rit :
Mais voſtre eſtonnement me trouble, & m'interdit.

ARGIRE.

Ah ! Clairance.

ORAXENE.

Ah ! ma ſœur.

CLAIRANCE.

Vn eſpoir plein de charmes
Doit-il pas eſſuyer le reſte de nos larmes ?
Le ſort nous traicte-il auec trop de reſpect ?
Le bien qu'il nous promet vous deuient-il ſuſpect ?

ARGIRE.

Dans l'eſtat où tu vois & ta ſœur & ta mere
Apprends que le deſtin nous deuient ſi contraire;
Que malgré la rigueur de tant de maux ſouffers
Noſtre moindre malheur eſt celuy de nos fers.

PORVS,

CLAIRANCE.

Que peut-il adiouster au mal qui nous outrage ?
N'a-il pas déployé sa plus cruelle rage ?
Enfin nostre constance a lassé son courroux;
Qu'aurions-nous à souffrir, & qu'apprehendez-vous?

ARGIRE.

Ie preuoy des malheurs dont la funeste suite
Rend auec ma raison ma constance interdite.
Porus que ton mépris m'est auiourd'huy fatal !
Qui te peut obliger à nous traicter si mal ?
Tu vois à mille maux ta femme abandonnee.
Le debris malheureux de ton triste hymenee,
Ta famille, ton sang languir dans la prison,
Le destin resolu d'accabler ta maison;
Et ton cœur insensible à ces rudes allarmes
Regarde auec courroux nos soupirs & nos larmes.

CLAIRANCE.

Madame, iugez mieux d'vn pere & d'vn époux.

ARGIRE.

Helas si tu sçauois.

CLAIRANCE.

Dequoy l'accusez-vous ?

ARGIRE.

ARGIRE.

Clarice conte lui ce que ie voulois taire,
Apprends la cruauté d'vn espoux & d'vn pere.

A Cle-
rance,

CLARICE.

Quand la Reine eut mandé Phradate deuers luy ;
Pour lui faire sçauoir l'excez de vostre ennuy ,
Le Roy triste & pensif fait en ouurant sa lettre
Tout ce qu'en ce moment la douleur peut permettre,
S'engage bien auant dedans vos déplaisirs ,
Et mesle à vos sanglots ses pleurs & ses soupirs ;
Mais à peine a-il leu, qu'il crie & qu'il deteste,
Qu'on m'éloigne (dit-il) cet objet si funeste.
Phradate alors surpris de ce grand changement ,
Et ne sçachant d'où vient ce prompt ressentiment
Quoy qu'il se treuue seul auec luy dans sa tante ,
Croit qu'il parle à quelqu'autre, & son ame tremblante
Cherche de tous costez cet objet odieux,
De qui le Roy se plaint , & qui blesse ses yeux.
Mais il cognoist enfin où vient fondre l'orage ;
Il s'écarte & voyant la colere & la rage,
Qui dans le cœur du Roy par de bruslans transports
Contre la Reyne mesme enuoyoit ses efforts.
Il écoute de loin ce qu'elle luy fait dire
Il l'entend murmurer. Dieux souffrez-vous qu'Argire
Me traite indignement ; & que cette prison
Couste tant de desordre à toute ma maison ?

C

Que ie sois sans secours, que le Ciel me trahisse,
Que les miens soient aux fers, que mon trosne perisse,
Mais faut-il.... A ces mots il se taist; & soudain
Il reprend vn discours sans ordre & sans dessein.

CLAIRANCE.

Dieux!

CLARICE.

Phradate n'a peu comprendre dauantage
De ce discours confus, qu'interrompoit sa rage.
Lors Attale approchant le Roy, pour luy parler;
Apres vn long conseil on le fait r'appeller.
Phradate, dit le Roy, rapportes à la Reyne,
Que mes Ambassadeurs vont terminer sa peine;
Dis luy... ne luy dis rien; retire-toy d'ici;
Phradate alors s'écarte, & s'en reuient ainsi.

CLAIRANCE.

Imputez au regret de nostre seruitude
Ces violens transports & son inquietude,
Se treuuant accablé du poids de nos malheurs,
Il ne peut autrement exprimer ses douleurs;
Si vous n'auez d'ailleurs de sujet de vous plaindre.

ARGIRE.

Où l'on escoute Attale, Argire doit tout craindre.

CLAIRANCE.

Quelque eftat que le Roy faffe de ces confeils,
Que peut-il contre vous?

ARGIRE.

      Que peuuent fes pareils!
Preferant dans les vœux qu'il fit pour Oraxene,
Ceux d'Arfacide aux fiens, i'ay merité fa haine;
Et voyant que le Roy s'obftine à l'écouter
Sa haine eft un malheur que ie doy redouter;
Mais quoy que fa fureur contre moy puiffe dire,
Rien ne peut ébranler la conftance d'Argire,
Ni Porus m'impofer d'affez feuere loy;
Pour me faire oublier mon efpoux & mon Roy.

ACTE II

SCENE PREMIERE.

PORVS, & ARSACIDE inconnus.

ORONTE s'en allant.

VY *Seigneur de ce pas ie m'en vay vers la*
Reyne.

PORVS.

Quoy verray-je grands Dieux cet objet de ma hayne!
Sçachant sa perfidie, & voyant que son cœur
Au milieu de ses fers adore ce vainqueur.
Non, perfide, non, non, brûle pour Alexandre.
Lasche.

ARSACIDE.

Seigneur ie crains qu'on ne vous puisse entendre,
Deuorez vos douleurs, ne parlez qu'à demy;
Tout doit estre suspect dans vn camp ennemy.

Alexandre pourroit par quelque defiance
Vous faisant obseruer tromper vostre esperance.

PORVS.

On nous prend pour Suiuans de mon Ambassadeur.

ARSACIDE.

Mais on pourroit enfin sortir de cet erreur.

PORVS.

Où penses-tu mon cœur, & qui t'oblige à feindre ?
Esclate, il n'est plus temps d'esperer ni de craindre
Argire me trahit, fay ton dernier effort ;
Asseure d'vn seul coup ma vengeance & sa mort.
De l'éclat d'vn vainqueur orgueilleux de ma perte
Argire est éblouye, Argire s'est offerte
A ce cruel fleau de tous les Potentats,
De qui l'ambition deuore mes estats.
Ouy, c'est elle mon cœur, ouy c'est cette infidelle ;
Estouffe les soupirs, que tu pousses pour elle.
A ce coup ma raison ne m'abandonne pas ;
Parle moy de son crime en cachant ses appas.
Ie crains qu'en sa faueur mon amour s'interesse,
Que l'ingrate m'arrache vne indigne tendresse ;
Et que tous ses attraits venans pour me trahir ,
Ne me fassent aimer ce que ie dois haïr.
Argire, lasche Argire, est-ce ainsi que ton ame
Soustient la pureté de sa premiere flame ?

Va perfide il eſt temps; ſors enfin de mon cœur.
Sers d'infame trophée au char de mon vainqueur.
Puiſqu'il faut à ſon tour que ma haine s'exprime,
Ie ne te cognois plus à trauers de ton crime,
Et mon cœur conuaincu d'vn ſi grand changement
S'abandonne ſans peine à ſon reſſentiment.

ARSACIDE.

Ouy, Seigneur, ie l'aduoüe; il eſt vray que la Reine
Se rend par cét amour digne de voſtre haine.
Mais-ſur quel fondement vos ſoupçons ſont formez?
Eſt-ce ſur des billets que l'enuie a ſemez?
C'eſt de vos ennemis le lache ſtratageme.

PORVS.

Ie ne le ſçay que trop. Arſacide elle l'aime.

ARSACIDE.

Donnez à vos ſoupçons plus d'éclairciſſement.

PORVS.

Ie donne à mes ſoupçons vn meilleur fondement,
I'aſſeure ces billets ſur ſa premiere lettre;
I'y vis vn certain feu qui commençoit de naiſtre;
Et ſon ame en deſordre agiſſant lâchement
Ceder ſans reſiſtance à cet embrazement,
Mais dois-je plus douter de ſon iniuſte flame?
Et qu'Alexandre enfin ne regne dans ſon ame.

Elle ne m'eſcrit plus que ſes fers ſont peſans,
Et ne m'entretient plus que de riches preſens,
Que du bon traitement que luy fait Alexandre ;
Que ſa priſon n'a rien qui puiſſe la ſurprendre,
Qu'il n'appartient qu'à lui de ranger ſous ſes loix
Par ſa rare douceur les Reines & les Rois.
Ie verſay ſur ſa lettre vn deluge de larmes ;
Malgré ſa trahiſon voyant encor ſes charmes,
Ie me perſuaday que mes yeux impoſteurs
Enuelopoient mes ſens en des ſonges trompeurs :
Mais enfin ma raiſon ſe voyant degagée
De cette aueugle amour où ie l'auois plongee,
Et traiſnant apres elle vne ſuite d'horreurs,
Me fit voir de plus prés ſon crime & mes malheurs.
Mon ame en ce moment ſembla voir Alexandre,
Qui malgré mes efforts vouloient tous entreprendre.
Ie le vis triomphant de ſes rares appas ;
Arſacide que vis-je ? ou que ne vis-je pas ?

ARSACIDE.

Cet objet qui vous trompe, & qui vous épouuente
N'eſt rien qu'vne vapeur que voſtre amour enfante.
La Reine vous a veu trop ſenſible à ſes pleurs
Reſſentir la moitié de ſes viues douleurs ;
Et pour vous eſloigner de ce triſte partage
Vous parle d'Alexandre auec tant d'auantage.

PORVS.

Ah! non, non, dis plutost que son cœur amoureux
N'a pû parler de lui sans decouurir ces feux,
Dont malgré le deuoir vne ame reuoltee
De l'estime à l'amour se voit precipitee.
Mon esprit preuoyoit ce sensible malheur :
Du mal qui l'approchoit il souffroit la douleur,
Et le pressentiment de cette grande perte
Ne l'affligeoit pas moins, que s'il l'auoit soufferte.

ARSACIDE.

Quoy Seigneur, ce grand cœur se rend-il sans combat ?
Vn soupçon lui fait peur, vn phantôme l'abbat ?
Formez-vous vn penser auec si peu de peine
Si peu digne de vous, si mortel à la Reine ?
Et loin d'estre venu pour la desabuser,
Ne voudriez vous la voir qu'afin de l'accuser ?
Si c'est vostre dessein, vne fureur si grande
Merite plus de maux qu'elle n'en apprehende.
Seigneur pardonnez-moy, si ie sors du respect ;
Le discours d'vn flateur vous doit estre suspect ?
Mais celui qu'a formé la grandeur de mon zele
S'il est moins complaisant, est d'autant plus fidelle.

PORVS.

Ah! soupçons trop cruels qui m'auez allarmé ;
Dans quel gouffre d'horreurs m'auez-vous abismé ?
Enfans

Enfans tumultueux de mon amour extréme,
Ou souffrez que ie meure, ou souffrez que ie l'aime,
Appaisez le desordre où vous m'auez reduit,
Et ne détruisez pas celle qui vous produit.
N'estes-vous pas lassez de causer mon martyre ?
Qu'auez-vous obserué dans la prison d'Argire ?
Que luy reprochez-vous ? ah ! que vous me pressez !
Argire est criminelle, & vous me punissez.
Iuges, témoins, bourreaux, de mon sort déplorable
Vous perdez l'innocent & sauuez la coupable.
Vous venez m'exposer l'horreur de son forfait,
Et vous vangez sur moy le tort qu'elle me fait.

ARSACIDE.

Mais Seigneur vous deuez.....

PORVS.

Que veux-tu que ie fasse ?
Pese mes déplaisirs, regarde ma disgrace.

ARSACIDE.

Helas ! ie tache en vain de flater vos malheurs.
Ie sens que vos souspirs réueillent mes douleurs
Voulant vous consoler ma constance se trouble :
Plus ie combats vos maux, plus le mien se redouble.
Ouy Seigneur, mes malheurs sont sans comparaison,
Et de mon desespoir i'attens ma guerison.

D

Qui pourroit resister à mon sort deplorable ?
Vous m'auiez accordée vne fille adorable,
L'hymen desia tout prest d'allumer son flambeau ;
Promettoit à mes feux le destin le plus beau.
Vn excez de bonheur alloit suiure ma peine,
Et les Dieux assemblez pour former Oraxene,
N'auoient iamais vni par de si doux accords
Les charmes d'vn esprit à la beauté d'vn corps.
Et cependant le sort déployant ses caprices
De mes plus doux plaisirs a formé mes supplices.
Oraxene est captiue, & ce malheur fatal
Dans le camp ennemi me suscite vn riual.
Mais vn riual aymé.

PORVS.

L'on te trompe Arsacide.
D'où te naist vn penser si bas & si timide ?

ARSACIDE.

Je sçay... mais non, souffrez que malgré ma douleur
J'espargne à ma Princesse vn affront plein d'horreur.
Il faut qu'auparauant sa bouche m'en asseure :
Je pourrois toutefois sans luy faire vne injure.

PORVS.

Quoy...

ARSACIDE.

Ie me plains, Seigneur de mon fort rigoureux,
Et ie dis feulement que ie fuis malheureux.

***

SCENE II.

ORONTE, PORVS, ARGIRE, CLAIRANCE.

ORONTE s'en allant.

Madame les voici.

ARGIRE.

Dieux que voy-je Clairance!

CLAIRANCE.

Ah! Madame.

PORVS bas.

Peux-tu fouftenir ma prefence?
Perfide me trahir.

ARGIRE.

Eſt-ce vous ? ah ! Seigneur.
Comment puis-je acquitter cette extréme faueur ?
Mais las ! quelle terreur vient ſurprendre ma ioye ?
Dans ces lieux ennemis faut-il que ie vous voye ?
Pourquoy vous faites-vous vn ſort ſi rigoureux ?
Et pourquoy m'offrez-vous vn bien ſi dangereux ?
Puis-je voir ſans trembler dans ce peril extréme
Vn eſpoux qui m'eſt cher cent fois plus que moy-meſme ?
Retirez-vous , Seigneur, de ces dangers preſſans ,
Et deliurez mon cœur des troubles que ie ſens.
Fuyez , qu'auez-vous fait Arſacide ?

PORVS.

Madame......

ARGIRE.

Que de craintes en foule entrent dedans mon ame ?
Ie voy de tous coſtez des gouffres entr'ouuerts ;
Et tout me parle icy de priſon & de fers.
De l'excez de mes maux ma conſtance troublee
Par cet abord fatal eſt enfin accablee.
Sauuez-vous , & ſouffrez...

PORVS.

Arreſtez.

ARGIRE.

Ie ne puis.

PORVS.

M'abandonnerez-vous en l'eſtat où ie ſuis ?
Non, ie ne doy pas craindre vn traitement ſi rude ;
Vous eſtes trop ſenſible à mon inquietude.

ARGIRE.

Laiſſez-moy.

PORVS.

Cet accueil eſt vn peu ſurprenant.

ARGIRE.

Ie ne puis vous ſauuer qu'en vous abandonnant.
Conſiderez, Seigneur, que mon amour extréme
Ne pourroit s'empeſcher d'agir contre vous-meſme.
Mes ſanglots, vos regards, mes ſoupirs & vos feux
Sont ici contre nous des témoins dangereux.
Menageons mieux Seigneur, quelque eſpoir qui nous
Et puis que le deſtin nous eſt encore funeſte, (reſte,
Attendons que le Ciel touché de nos tourmens
Accorde à noſtre amour de plus heureux momens.

D iij

PORVS,

PORVS.

Ie cognoy, ie cognoy la crainte qui te bleſſe,
Cette fauſſe pitié, qui pour moy s'intereſſe,
Ces ſanglots malformez, & ces brûlants ſoupirs
Me declarent aſſez quels ſont tes déplaiſirs;
Va perfide, va, cours apres ton Alexandre.

ARGIRE.

Qu'entens-je ?

PORVS.

Ce reproche a droit de te ſurprendre.

ARGIRE.

Quoy, Seigneur, eſt-ce ainſi . . .

PORVS.

      Ie ne t'écoute plus,
Tu fais pour t'excuſer des efforts ſuperflus.

ARGIRE.

Ce ſont donc les ſoupçons dont voſtre ame eſt ſaiſie ?
C'eſt donc la trahiſon de voſtre jalouſie,
Qui vous donnent en proye à tous ces mouuemens,
Et vous font conſentir à ces déguiſemens ?
Quoy, Seigneur, non content de mortelles allarmes
Que m'a fait reſſentir le malheur de vos armes . . .

PORVS.

Alexandre t'attend, va donc, ie te promets
Pour ne te plus choquer de ne te voir iamais.
Perfide qu'attens-tu ? qui peut donc te contraindre ?
Si tu ne crains que moy, tu n'as plus rien à craindre,
Va lâche.

ARGIRE.

Iuftes Dieux !

PORVS.

Vole apres ton amant,
Sa paßion fe plaint de ton retardement.
Mais ton crime te fuit, & ton ame étourdie
Par les remors affreux de cette perfidie
T'occupant pleinement arrefte ici tes pas.

ARGIRE.

Ah ! barbare, ah ! cruel ie ne m'eftonne pas
Si ton Ambaffadeur pour rompre noftre chaifne
Prefente vne rançon indigne d'vne Reyne.

PORVS.

Si l'offre que ie fais eft au deffous de toy ;
Ie puis abandonner ce qui n'eft plus à moy.

ARGIRE.

Puisque mon innocence a perdu l'auantage
De se faire cognoistre à celuy qui l'outrage,
Suiuez aueuglement vostre ialouse humeur :
Argire aime Alexandre, Argire est dans son cœur,
Ie presse vostre hayne, & sers vostre vengeance,
I'arme vostre fureur contre mon innocence :
Mais ie puis mettre fin à mon sort inhumain ;
Puisqu'il me reste encor & mon cœur & ma main ;
Pour punir vos soupçons & me rendre iustice,
Je me dois à moy-mesme vn si beau sacrifice ;
Et mon sang soupçonné de cette lascheté
Brûle de vous monstrer quelle est sa pureté.

PORVS.

Dieux vn reste d'amour entreprend sa defence ?
Et dans sa trahison cherche son innocence ;
Ma haine s'affoiblit sous son premier effort :
Ie sens qu'elle chancelle, & qu'il se rend plus fort.
Reuenez mes soupçons, voyez voyez qu'Argire
Sur ma rage lassee establit son Empire.
Que ne redonnez-vous à mon cœur abbatu
Malgré tous ses appas vn reste de vertu ?
Vous rendez-vous si tost à l'éclat de ses charmes,
Et pour me secourir n'auez-vous que des larmes ?

ARGIRE.

ARGIRE.

Ah! si vous ne voulez me rendre mon honneur.
Du moins pour m'arracher aux desirs d'vn vainqueur,
Percez ce cœur, chassez cette indigne tendresse.
Haïssez, haïssez auec moins de foiblesse.
Argire doit mourir puisque vous le voulez,
Portez le dernier coup à ses sens desolez.
Mais Alexandre vient. Dieux mon ame abatüe
Pourra-elle cacher la douleur qui la tüe ?
Estouffez ces transports. Ne me regardez pas.
Cachez-vous.

PORVS.

Moy !

ARGIRE.

Seigneur il dresse ici ses pas

E

SCENE III.

ALEXANDRE, PORVS, ARGIRE, ARSACIDE,
CLAIRANCE , Troupe des Gardes.

ALEXANDRE.

QV'on nous laiſſe ici ſeuls , gardes qu'on ſe retire.

PORVS.

Arſacide !

ARSACIDE.

Seigneur.

PORVS.

Quoy luy quitter Argire !
Non , il faut par ſa mort l'arracher de ſes bras.

ARSACIDE.

C'eſt ſe perdre , Seigneur, & ne ſe vanger pas.

SCENE IV.

ALEXANDRE, ARGIRE.

ALEXANDRE.

IE ne puis vous celer ce que ie viens d'apprendre,
L'offre de voſtre époux me fait peine à comprendre
M'offrant vne rançon, que ie n'oſe accepter
Ie doute auec raiſon s'il veut vous racheter.
Ie m'eſtonne qu'vn Roy dont l'amour eſt extréme,
Qui perd en vous perdant la moitié de ſoy-meſme
Ait pour vous des penſers iuſques-là raualez,
Et qu'il offre ſi peu pour ce que vous valez,

ARGIRE.

Seigneur, pour m'affranchir s'il t'offroit dauantage;
Ta generoſité receuroit quelque outrage :
D'elle ſeule auiourd'huy i'attens ma liberté,
Tu vois qu'elle s'oppoſe à ma captiuité.
Ne luy dérobe pas vne illuſtre matiere,
Qu'elle doit pleinement exercer la premiere.

ALEXANDRE.

Vn qui vous cognoistroit bien moins que ie ne fais
Sur l'offre qu'il me fait ne vous rendroit iamais,
Si i'estois comme luy pour vous tirer des chaisnes
I'offrirois & mon thrône & le sang de mes veines;
Et mon cœur méprisant le sceptre & le danger
A quel prix que ce fust vous iroit dégager.
Mais pourroit-il tomber dans ce desordre extréme.
Vostre vertu vous rend seul égale à vous-mesme;
Et ie ne puis souffrir de semblable reuers
Puisqu'il n'est qu'vne Argire en tout cet Vniuers.

ARGIRE.

Argire vaut si peu, que ie croy qu'Alexandre
Ne feroit qu'à regret ce que ie viens d'entendre.
Porus fait ce qu'il doit; & i'estime qu'aussi
Si vous la cognoissiez vous agiriez ainsi.

ALEXANDRE.

Ie cognois mieux que luy le merite d'Argire,
Et pour vous confirmer ce que ie viens de dire
Ie vous laisse à vous-mesme, il ne tiendra qu'à vous
De me faire accepter l'offre de vostre époux.

SCENE V.

CLAIRANCE, ARGIRE.

CLAIRANCE.

O! Dieux fut-il iamais ame plus genereuse !

ARGIRE.

O Dieux fut-il iamais Reyne plus malheureuse !

CLAIRANCE.

Sa generosité va finir vos ennuis.

ARGIRE.

Ah! que tu iuges mal de l'état où ie suis !
Que l'offre qu'il me fait est peu digne d'enuie !
Si d'vn plus grand malheur cette grace est suiuie ;
Et s'il faut que ce cœur en cette extremité
De mesme que ses fers craigne la liberté.
Voy quel est de mon sort le bizarre caprice :
Le comble de mes vœux fait mon plus grand suplice.
Ie trouue vn ennemy si ie cherche vn époux,
Si ie fuis mon vainqueur ; c'est pour suiure vn jaloux,

Profitons toutefois des faueurs d'Alexandre ;
Allons, allons preſſer ce que i'en oſe attendre..
Pour perir promptement abandonnons ces lieux ;
Expoſons-nous entiers aux traits d'vn furieux ;
Et ſans examiner le courroux qui l'anime,
Allons à ſes ſoupçons offrir cette victime.

Fin du ſecond Acte.

ACTE III

SCENE PREMIÈRE.

PORVS, ARSACIDE.

PORVS.

H'E' bien cher Arsacide, en doy-je plus douter?
Diras-tu desormais que i'ay tort d'éclater?
Et que ie dois bannir l'iniuste deffiance,
Dont la vertu d'Argire & mon amour s'of-
Elle le suit l'ingrate, & ie suis dans ces lieux   (fense
Vn objet importun à son cœur, à ses yeux.
Mais lâche que ie suis! Alexandre a peu dire
Qu'on nous laisse ici seuls; soldats qu'on se retire;
Et loin de l'immoler à mon ressentiment
I'obeïs en esclaue à son commandement.
Quoy dans le temps qu'il faut signaler ma vengeance,
I'escoute des discours si remplis d'insolence?
Qui s'oppose à sa perte & qui retient mon bras?
Puis-je viure, le voir, & ne me vanger pas?

PORVS,

Quoy Porus, quoy ce Roy qui sceut se faire craindre
Cherche & voit son riual, & s'amuse à se plaindre !
Et sans me souuenir ny de luy, ny de moy,
I'obeis en esclaue & ie reçois sa loy.
Que suis-je deuenu ! ie me cherche moy-mesme ;
Et ne me trouue plus dans ce desordre extreme.
Vous ay-je donc quittez, trône, sceptre, grandeur,
Pour seruir mon riual & mon Ambassadeur ?
Mais gardez-vous encor de monstrer ma naissance :
Vous quittant ie vous sers autant que ma vengeance.
Trône ? pour t'affermir un riual massacré
Doit estre ma victime & ton premier degré ;
Enfin sceptre, grandeur, ie ne puis vous reprendre
Que ie ne sois vengé d'Argire & d'Alexandre.
C'est à toy seulement que ce cœur mal traicté
Demande du secours en cette extremité ;
C'est par toy, c'est par toy que cette ame outragee
Doit estre pleinement satisfaite & vengee.
Arsacide fais voir que pour me secourir
Tu sçais...

ARSACIDE.

Ouy ie sçauray vous vanger ou mourir.
Mais pensez-vous qu'Argire ...

PORVS.

Ofes-tu la defendre ?

ARSA:

ARSACIDE.

Separez sa vertu du crime d'Alexandre;
Et perdant ce riual Seigneur ne soüillez pas
Par des soupçons si noirs de si diuins appas ;
Ecoutez la raison autant que vostre hayne.
Encor que Perdiccas soit aimé d'Oraxene,
Et qu'vn méme destin pour accroistre nos maux.
De ces deux ennemis ait fait nos deux riuaux ;
Aussi pressé que vous du mal qui nous possede,
Malgré mon desespoir, i'en pese le remede ;
Et celui-ci, Seigneur, est si peu de saison ;
Qu'il auance la mort, & non la guerison.
Allons...

PORVS.

Et bien sans perdre vn moment dauantage,
Retourne dans le camp & laisse agir ma rage :
Tiens nos soldats tous prests à combattre demain ;
Les traictez sont rompus ; cependant de ma main
Par ma iuste douleur puissamment animee
Ie cours perdre Alexandre au cœur de son armee.

ARSACIDE.

C'est à moy qu'appartient ce dangereux employ
Vous...

F

PORVS.

Va parts Arſacide; obeïs à ton Roy.

ARSACIDE.

Quoy vous abandonner; & trahir ma querelle?
Non, non, l'obeiſſance eſt ici criminelle;
Double intereſt m'engage à courir ce danger :
I'ay mon Prince à ſeruir ; mon amour à vanger;
Ces deuoirs oppoſez à mon obeiſſance
De leur coſté ſans peine emportent la balance.
Et m'inſtruiſant par eux de vos commandemens.
Ie ſens qu'ils ſont d'accord auec mes ſentimens.
Vous plûtoſt en qui ſeul tout noſtre eſpoir ſe fonde ;
Dont le ſalut importe à la moitié du monde,
Qui de l'autre moitié redoutant le malheur;
Oppoſe à ſon tyran voſtre ſeule valeur;
Menagez pour ſon bien vne teſte ſi chere ;
Ie ſuffis au deſſein que l'amour nous ſuggere.
Et vous, en qui l'Indie a mis tout ſon eſpoir:
Reſeruez-vous, Seigneur, à ce premier deuoir.
Retournez dans le camp,& par voſtre preſence
Rendez à vos ſoldats leur premiere aſſeurance;
Demain, ſi le demon qui veille en ſa faueur,
Sauue voſtre ennemi des traits de ma fureur;
Vous pourrez pour finir cette ſanglante guerre,
Diſputer contre luy l'empire de la terre;

Le deffier en Roy, le vaincre aux yeux de tous.
Mais tout autre deffein est indigne de vous.

PORVS.

Helas! quand tes difcours efchauffent mon courage
Que ie hay les deffeins que m'infpire ma rage!
Mais außi quand ie voy l'excez de mon malheur,
Que tes difcours font froids auprez de ma fureur:
Autrefois au feul bruit de fes grandes merueilles,
Quand le nom d'Alexandre eut frappé mes oreilles
Auec le méme effect ie fentis dans mon cœur
Allumer le defir d'attaquer ce vainqueur.
Quand i'appris qu'il venoit fondre fur cette terre,
Mon ame auecque ioye embraffa cette guerre,
Et me voir preuenu par ce fameux vainqueur
Eft le feul déplaifir qui troubla ce bonheur.
Mais depuis quand le Ciel ennemi de ma gloire.
Dés le premier combat lui liura la victoire ;
Au malheureux moment qu'il mit dans fa prifon
Ma femme & mes enfans ; ie perdis la raifon.
Comme d'vn gouffre affreux de ce malheur extrême
S'éleuerent des maux pires que ce mal méme ;
Ie refté fans vertu, fans cœur, fans iugement ;
Et tu vois vn effet de ce déreglement.
Mon deffein qiuel qu'il foit ne doit plus le furprendre ;
Ie cherche mon riual ; & non pas Alexandre,
Et ie cherche en riual, en amant, en jaloux ;
Vn tiran qui rauit fa femme à fon efpoux.

Le delay d'vn moment redouble mon offence ;
Et tu veux d'vne nuict reculer ma vengeance.
Ce conseil me nuiroit , plus que mon desespoir :
Aussi pour arracher Argire à son pouuoir
Sans en plus consulter que ma fureur extrémé,
Ie cours perdre Alexandre, & l'ingrate,& moy-méme.
Enfin pour amoindrir l'excez de mon malheur
Ie veux tout accorder à ma forte douleur.

SCENE II.

ARGIRE, PORVS, ARSACIDE, ORAXENE,

ARGIRE.

NE luy refuse rien , fais ce qu'elle t'inspire ;
La cruelle qu'elle est a soif du sang d'Argire ;
Ie viens pour te l'offrir, Seigneur , que tardes-tu
Desia de cette main ie l'aurois répandu ;
Si ne te pouuant pas monstrer mon innocence,
Je ne t'auois voulu reseruer ta vengeance.

PORVS.

Va mon honneur la veut deuoir à mes efforts ;
Et non pas à l'effect de tes lâches remords ;
Si tu veux m'obliger, songe à te mieux defendre
Appelle à ton secours la valeur d'Alexandre,

Ie la veux égorger à ses yeux dans ses bras ;
Et sa mort autrement ne me vangeroit pas.

ARGIRE.

Ah! Porus est-ce ainsi que ton amour m'offence ?
Vangez Dieux immortels, vangez mon innocence :
Mais où m'emporte ici mon premier mouuement ?
Dieux ne la vengez pas sauuez-la seulement.
Mon ame au desespoir vous demandoit vn crime :
C'est mon Roy qui l'offence & mon Roy qui l'opprime ;
Conseruez-là grands Dieux, & soyez son appuy ;
Ce seroit m'accabler, que la vanger sur luy.
Que t'ay-ie fait cruel, pour estre ainsi traitee ?

PORVS.

De quels diuers transports mon ame est agitee !
Fuyons.

ARGIRE.

N'espere pas d'échapper à mes pleurs ;
Il faut ici finir ma vie, ou mes malheurs ;
J'y veux viure innocente ou mourir en coupable,
Ta haine ou ton amour me sera fauorable,
Ie t'aimeray toussiours dans l'vn ou l'autre sort.
Detrompé d'vn faux crime, ou vangé par ma mort.

PORVS.

Dieux pourquoy falloit-il qu'elle fust infidelle !

PORVS,

ARGIRE.

Ne puis-je..

PORVS.

Ne crains rien trop chere criminelle :
Malgré ta trahiſon ie t'ayme, & ma douleur
Sent bien que t'outrager c'eſt croiſtre mon malheur.
Vis, & ſouffre qu'ailleurs ie porte ma vengeance.

ARGIRE.

Ah! plus que tes rigueurs ie hay cette indulgence.
Rends-moy mon innocence, ou me priue du iour.
Mais tu fuis ; eſt-ce ainſi qu'on traite mon amour ?
Ie te ſuiuray par tout.

ARSACIDE.

Qu'allez-vous entreprendre ?
Voulez-vous le liurer au pouuoir d'Alexandre ?
Vous l'allez découurir.

ORAXENE.

Madame où courez-vous ?

ARGIRE.

Quel obſtacle nouueau m'arrache à mon époux ?
Que dois-je deuenir Arſacide, Oraxene,
Ie vous entens, la mort doit terminer ma peine.

SCENE III.

ORAXENE, ARSACIDE.

ORAXENE.

Q Voy Prince, dans nos fers loin de nous soulager
Le Roy n'est-il venu que pour nous outrager?
Est-ce là ce secours, cet effort salutaire
Que nos maux attendoient d'vn époux & d'vn pere?
Vous, qui vistes former, & croistre son erreur,
Prince vous nous deuez compte de sa fureur.
Loin de vous opposer...

ARSACIDE.

Helas! ma resistance
Loin de la ralentir a creu sa violence;
Et malgré mes efforts sur l'esprit de ce Roy
Attale le flattant a plus gagné que moy.

ORAXENE.

Ah! le lâche!

PORVS,

ARSACIDE.

Vn billet qu'on trouua dans sa tente
Donna le premier branfle à son ame flotante,
Prefte à tout prefumer de l'heur de son riual;
Et vos lettres enfin acheuerent ce mal.
La Reyne en efcriuant luy parloit d'Alexandre
Comme d'vn conquerant, à qui tout se doit rendre;
A qui seul appartient de ranger sous ses loix
Par sa rare douceur les Reynes & les Rois.
Nous vifmes à ces mots dans son ame troublee
Repaffer les foupçons qui l'auoient ébranlee.
Et fuiuant des penfers conceus sans fondement,
Il se precipita dans son aueuglement.
Tous ces doutes ainfi changez en affeurance,
Il ne refpire plus que haine, que vengeance;
Et de tous nos confeils il ne veut receuoir
Que celuy qui s'accorde auec son defefpoir;
Attale en eft l'autheur, pour racheter la Reine,
Ou plutoft pour feruir sa deteftable haine.
Il depute en ces lieux, fait son Ambaffadeur;
Moy qui vis ce deffein conforme à mon ardeur,
Ie le fuis dans l'efpoir que toutes nos allarmes
S'enfuiroient à l'éclat de tant d'aimables charmes.
Mais helas! ie fens bien, que loin de les guerir
Noftre abord en ces lieux n'a fait que les aigrir.

ORAXENE.

Vous parlez pour le Roy?

ARSACIDE.

Madame.

ORAXENE.

Quoy?

ARSACIDE.

Princesse
Il est vray que ie sens la douleur qui le presse:
Mais aussi...

ORAXENE.

Mais comment a-il peu dans son cœur
Receuoir des soupçons mortels à son honneur.
Sur vn billet qu' aura semié la medisance,
Vne lettre, où la reyne auec recognoissance
Parle du traictement que nous font nos vainqueurs
A-il lieu de former de pareilles erreurs.

ARSACIDE.

Il est vray ses soubçons ont fort peu d'apparence,
A les examiner auec indifference;
Mais aussi qu'vn esprit conduit par son malheur
Y treuue des subjets d'vne extreme douleur;

G

ORAXENE.

Il eſt vray que l'on voit dans la Cour d'Alexandre
Dès charmes, dont l'eſprit à peine à ſe deffendre ;
Mais quelque grand qu'il ſoit en eſt-il d'aſſez doux
Qui puiſſe iuſtement alarmer vn époux?

ARSACIDE.

Hé bien Porus a tort ; vne chaiſne ſi ſaincte
Doit vaincre ſes ſoupçons, & ſa ialouſe crainte ;
Mais que puiſ-je eſperer ? où ſera mon recours ?
Si contre vn plus grand mal i'ay demandé ſecours?
On treuue, dictes vous, dans la Cour d'Alexandre
Des charmes, dont le cœur à peine à ſe defendre ;
Et le voſtre contr'eux s'eſt ſi mal deffendu,
Qu'il le faut confeſſer Princeſſe ; il s'eſt perdu.
Au moins eſt-il perdu pour le triſte Arſacide ;
Perdicas me le vole ; & vous meſme perfide
Vous luy tenez la main, pour me voler mon bien
Et luy liurez vn cœur qui me couſte le mien.
Ingrate, car enfin il eſt temps de ſe plaindre ;
Et mon reſſentiment ne doit plus ſe contraindre ;
Où ſont tant de ſerments & donnez, & receus
Que mon timide amour auoit ſi bien conceus.
Serments qui m'aſſeuroient d'vne foy ſi durable
Par tout ce que le ciel a de plus venerable ;
Il ne t'en ſouuient plus, ou ſans les rapeller
Il ne t'en ſouuient plus que pour les violer,

Rens moy, rens moy ta foy perfide.

ORAXENE

Ie me laße
D'entendre des difcours de fi mauuaife grace;
Ces reproches eloquents font fi mal inuentez,
Que qui peut les fouffrir, les a bien merités;
Bizare deffiant, efprit foible & timide
Que ie t'ay mal conneu, c'eft dont vous Arfacide ?
Qui pour authorifer voftre dereglement
Auez plongé le Roy dans fon aueuglement.
Ie n'en accufe plus Attale, ny quelque autre:
Sa fureur, nos malheurs tout ce defordre eft voftre.
C'eft vous, par qui ie voy la Reine au defefpoir.
Ah! ne m'obligez plus deformais à vous voir.
Va.

ARSACIDE.

Princeße arreftez ; eft-ce ainfi qu'on s'excufe?

ORAXENE.

Tu ne merite pas que ie te defabufe.

ARSACIDE.

Perfide dy pluftoft qu'on ne peut t'excufer;
Et qu'il n'eft pas en toy de me defabufer;
He bien volage cours à ta nouuelle flame:
Ou fi quelque pitie loge encor dans ton ame,

Donne au moins vn moment a voir couler mes pleurs ;
Ie n'en eſpere pas d'adoucir mes malheurs ;
Ny de mon mauuais ſort changer l'ordre barbare ;
Puiſque tu l'as voulu, mon eſprit s'y prepare ;
Et ie ne veux iouïr du plaiſir de te voir
Que pour en redoubler mon iuſte deſeſpoir ;
Triſte & funeſte effect d'vne chere preſence
Ouy ie ſens à tes yeux croiſtre ſa violence
Par le poids des malheurs à mon eſprit offerts
Quand ie voy de quel prix eſt le bien que ie pers.

ORAXENE.

Arſacide.

ARSACIDE.

    Il eſt tel que quelque tirannie
Qu'exerce ſur mon cœur ta puiſſance infinie,
Ie ne puis reſiſter au iuſte mouuement
Qui me faict reuolter contre ton changement.
Ie ſens tous mes tranſports ceder à cette enuie ;
Pour m'oſter ma Princeſſe, il faut m'oſter la vie ;
Et dans mon deſeſpoir ie me ſens aſſez fort
Pour garder ma Princeſſe & deſtourner ma mort.
Ouy riual tu ſcauras qu'on n'acquiert Oraxene
Qu'apres de gråds trauaux qu'apres beaucoup de peine ;
Qu'il reſte, apres auoir triomphé de ſon cœur,
Vn ennemy plus fort que ſa molle rigueur.

ORAXENE.

Quoy Prince ?

ARSACIDE.

Ie voy bien que ce deßein vous bleße ;
Mais que m'ordonnés-vous inhumaine Princeße ?
Faut-il par vn defordre à mon honneur fatal
Que pour vous contenter ie ferue mon riual ?
N'attendez point de moy de fi fotte indulgence ;
Vous m'auez tout ofté laißez moy ma vengeance.

ORAXENE.

Non...

ARSACIDE.

Voulant obeir iufques à mon trépas
Ie ne puis la garder qu'en ne t'efcoutant pas.

ORAXENE.

Efcoute & fouffre enfin que ie te defabufe
Arrefte Prince aueugle ; ah ! que fuis confufe !
Qu'ay-ie faict ?

G iij

SCENE IV.

ORAXENE, CLAIRANCE.

ORAXENE continuë.

AH ma sœur suis ce desesperé
Empesche son trépas, que ie vois asseuré ;
Dis luy pour l'arracher à sa fureur extreme:
Qu'Oraxene pour luy sera tousiours la mesme ;
Que ie l'aime au moment qu'il soubçonne ma foy,
Plus que ie n'ay promis, & plus que ie ne doy.
Va.

CLAIRANCE.

Quoy ma sœur descendre à cette complaisance ?

ORAXENE.

Pardonne vne pitié dont ma gloire s'offence
I'ay creu que pour finir son mortel desespoir
Ie pouuois faire vn pas au delà du deuoir ;
Mais i'y rentre, & l'amour banny de ma mémoire
I'abandonne ce Prince, & prends soin de ma gloire;
Meurs, meurs, & par vn coup qui te sera fatal

Immole vn innocent que tu vois ton riual.
Porte ſur Perdicas ta fureur & tes armes
Meurs & n'attends de moy que d'impuiſſantes larmes.

CLAIRANCE.

Sur Perdicas.

ORAXENE.

C'eſt là ce riual ſupoſé.

CLAIRANCE.

Ah! vous deuiez ma ſœur l'auoir deſabuſé ;
Faire ſi peu d'eſtat du ſalut d'Arſacide
L'abandonner ingratte au couroux, qui le guide.
Helas ?

ORAXENE.

Où courez vous ?

CLAIRANCE.

Faire voſtre deuoir,
Et par vos repentirs chaſſer ſon deſeſpoir.

ORAXENE.

Pour vn ingrat deſcendre à cette complaiſance ?

CLAIRANCE.

Que tu merites bien le ſoubçon qui l'offence.
Il faut plaindre Arſacide, & ſon aueuglement
Eſt digne de pitié, non pas de chaſtiment ;

Et quand bien ses soubçons meriteroient sa peine,
Que t'a faict Perdicas insensible, Oraxene;
Et pourquoy l'exposer aux redoutables coups;
D'vn amant furieux, desesperé, jaloux.

ORAXENE.

Ah! ma sœur ie voy bien, la pitié qui te touche.

CLAIRANCE.

Toute celle que i'ay s'explique par ma bouche,
Et ie ne parle icy que pour vostre interest.

ORAXENE.

He bien ie ne veux pas entrer dans ton secret.
Suis le.

CLAIRANCE.

Est-ce ainsi ma sœur...

ORAXENE.

C'est perdre temps Clairance,
Va tâche à destourner sa mort, ou sa vengeance
Mais..

CLAIRANCE.

Quoy.

ORAXENE.

Ne luy dis rien qui me fasse rougir;

CLAIRANCE.

I'apprens de ton orgueil comme ie dois agir.
Fin du troisiesme Acte.

ACTE

ACTE IV.

SCENE PREMIERE.

PERDICCAS, ORAXENE.

PERDICCAS.

ENCOR pour quelque temps vous serez
  prisonnieres;
Ce n'est pas que le ciel n'ait receu vos prie-
  res;
Mais au point qu'Alexandre alloit tout accorder,
Les vostres ont cessé de luy plus demander.
Rompant tous les traictés d'assez mauuaise grace,
Ils ont d'abord passé de l'offre à la menace;
Mais par un changement si superbe & si prompt,
Qu'à peine le vainqueur s'est sauué de l'affront.
Par son ambassadeur Porus a faict entendre
Que son bras peut forcer les prisons d'Alexandre;
Que c'est par ce moyen qu'il vous veut secourir,
Et qu'il pretend par là vous r'auoir ou perir.

H

ORAXENE.

Il vaut mieux en effect que son cœur en ordonne;
Il sied mal de prier portant une couronne:
Et le Roy possedé de ce beau sentiment
Croit nos fers moins honteux, que cet abaissement.
Argire est en vos mains il hazarde sa gloire
S'il pretend la r'avoir, que par une victoire;
Et nous nous trouverions dans un pire malheur,
Si vostre liberté nuisoit à sa valeur.
Ne plaigniez point, Seigneur, cette heureuse disgrace.

ARSACIDE.

Ie donne ces soupirs au mal qui me menace,
Quand ie voy que le ciel de mon bonheur jaloux
Me force encor un coup à m'armer contre vous

ORAXENE.

Vos generositès...

SCENE II.

CLAIRANCE, ARSACIDE,
ORAXENE, PERDICCAS.

CLAIRANCE retenant Arsacide.

QVoy Prince ?

ARSACIDE.

Non Clairance ; Iuy eſ-
Ie ne puis perdre vn temps ſi cher à ma vengeance. chape &
met l'épee
à la main.

CLAIRANCE.

Au ſecours.

ORAXENE.

Iuſtes Dieux !

PERDICCAS va contre luy.

Ah barbare !

ORAXENE l'arreſte.

Seigneur.

H ij

PERDICCAS.

Ah! ne m'empefchez pas de vanger voftre fœur.

ARSACIDE.

C'eft à toy que i'en veux garde-toy d'Arfacide.

PERDICCAS.

Ah riual! penfes - tu que ton nom m'intimide?
I'accepte le combat & malgré moy ie pers
Le refpect que tu dois à celle que tu fers.

ARSACIDE.

Ils fe
battét, *Contre mon defefpoir fonge à te mieux defendre.*

ORAXENE.

Ah Clairance !

CLAIRANCE.

Ah ma fœur! i'apperçois Alexandre.

SCENE III.

ALEXANDRE, PERDICCAS, ARSACIDE,

ORAXENE, CLAIRANCE.

ALEXANDRE.

Par tout des assassins à ma table à mon lict.
Viens-tu pour m'acheuer ? il chancelle, il pastit,
Qu'on voit bien dans ses yeux les horreurs de son crime,
Plus il veut le cacher plus sa fureur s'exprime.
Amener son complice Oronte. Fiers destins
Liurez-vous Alexandre à ces noirs assassins ?
Mais où m'emporte ici cette fureur extréme ?
Pardonnez-moy, grāds Dieux, cet imprudēt blaspheme,
Si formant contre vous des soupçons mal fondez,
I'ose vous attaquer quand vous me defendez.
Ie vous doy mille autels & mille sacrifices.
Vous m'auez découuert le traistre & ses complices,
Vous auez empesché leurs efforts inhumains,
Et vos rares bontez m'arrachent de leurs mains.
Traistre tu venois donc....

H iij

PERDICCAS.

Son nom a trop de gloire
Pour le des-honorer d'vne tâche si noire ;
I'ay si bien recogneu sa generosité
Que si l'on a sur vous lâchement attenté
Il n'est point du complot, non Seigneur ; & ie iure
Que pour vn tel forfaict il a l'ame trop pure.
Vn bien plus genereux & plus noble dessein
Luy mettoit en ces lieux les armes à la main :
Laisse-le sur sa foy ; que rien ne le retienne ;
Et ma teste par tout répondra de la sienne.

ARSACIDE.

Ma fureur qui n'a peu iusqu'ici s'exaler ;
Enfin se relaschant me permet de parler.
On te trompe Alexandre ; & Perdiccas lui mesme
Se trompe en m'arrachant à ce peril extréme ;
Et ne me cognoissant seulement qu'à demy
Sauue ton assassin sauuant son ennemy.
Mais en vain ignorant ou cachant mon enuie
Il aspire à l'honneur de me sauuer la vie :
I'aime bien mieux perir, que s'il s'osoit vanter
Qu'il m'eust donné le bien que ie luy veux oster :
Mes malheurs ont laissé mon ame toute entiere :
Mon cœur n'a rien perdu de sa grandeur premiere ;
Et toute ta faueur l'aidant plus puissamment
Preste vn nouueau secours à son ressentiment.

Non, non ; ne defends plus vn mortel aduersaire,
Puisque pour ton repos sa mort est necessaire ;
En le tirant des fers dont tu veux l'arracher
Ta generosite te cousteroit trop cher.

ALEXANDRE.

Quand ce traistre t'attaque, & qu'il ose entreprendre
Sur vn destin plus cher que celuy d'Alexandre ;
Faut-il que ses remors asseurant ton destin
Malgré luy malgré toy liurent cet assassin.
Qu'on le charge de fers.

PERDICCAS.

Seigneur.

ALEXANDRE.

Point de Clemence.

PERDICCAS.

Voulez-vous m'exposer à souffrir cette offence,
Qu'il me soit desormais iustement imputé,
D'auoir dans son malheur cherché ma seureté.
Cognoissant son dessein, son cœur & sa franchise
Ie ne crains de sa part trahison ny surprise ;
Et de l'air dont ce Prince attente sur mes iours
Ce fer sans ta faueur m'offre assez de secours.

ALEXANDRE.

Ce Prince?

PERDICCAS.

Qu'ay-ie dict?

ARSACIDE.

Ce repentir m'offence;
Arsacide est mon nom; appreste ta vengeance:
Ouy, ouy, si quelque orage a menacé ta teste,
Sçache que i'ay moy seul émeu ceste tempeste.
I'en voulois par ta mort deliurer l'Vniuers
Qui soupire & gemit sous le poids de tes fers;
Que si le Ciel ailleurs n'eust destourné mes armes
Desia dedans ton sang i'aurois noyé ses larmes;
Puisque pour acheuer vn si noble dessein,
Ie croy l'assassinat digne de cette main.

ALEXANDRE.

Prince indigne du rang où les Dieux t'ont fait naistre,
Mais voici l'assassin. Cognois-tu bien ce traistre?

SCENE

SCENE IV.

PORVS, ALEXANDRE, PERDICCAS,
ARSACIDE, ORAXENE,
CLAIRANCE.

PORVS.

AH! reproche *ſanglant qui déchires mon cœur,*
Où m'auez-vous conduit, amour, haine, fureur?
Arſacide;

ORAXENE.

Ah ma ſœur, aduertiſſons la Reyne? S'en
vont.

SCENE V.

ALEXANDRE à Arsacide.

LE cognois-tu ? son nom.

ARSACIDE.

Il n'en vaut pas la peine.
Tu le peux renuoyer.

ALEXANDRE.

Qu'on le fasse mourir.

ARSACIDE.

Arreste.

PORVS.

Ah ! tu me perds, loin de me secourir,
Abandonne mes iours & prends soin de ma gloire.

ALEXANDRE.

Qu'on despesche ;

ARSACIDE.

Sa mort flestrira ta memoire,
Et c'est pour ton malheur que le ciel a permis
Qu'on conte vn vil esclaue entre tes ennemis.
Donnes d'autres objets à ta noble colere ;
Tu voy en moy l'autheur du coup qu'il n'a sceu faire :
Et le lâche n'a rien digne de ton courroux.

ALEXANDRE.

Qu'on l'oste de mes yeux.

PORVS.

Soldats que tardez-vous ?

SCENE VI.

ARGIRE, ALEXANDRE, PORVS, &c.

ARGIRE à Alexandre.

Prens plus de soin, Seigneur, d'vne si belle vie.

PORVS.

Viendroit-elle à mes maux adiouster l'infamie ?

ARGIRE continuë.

Porus est en tes mains, & le sort a voulu
Que d'Argire & de luy tu sois maistre absolu :
Mais lors que sa rigueur insolemment nous braue,
Souuiens-toy qu'il est Roy plustost que ton esclaue ;
Et ne pretendant pas de luy donner la loy,
Songe à le moins traitter en esclaue qu'en Roy.

ALEXANDRE.

Quoy ? Porus en infame attente sur ma vie ?
Porus a pû former vne si lâche enuie ?

Et dreſſant à ſa gloire vn monument d'horreur,
En traiſtre, en aſſaßin exercer ſa fureur!

PORVS.

Ah de mon mauuais ſort, rigueur inſupportable,
Qu'ay-je fait! ou plutoſt dequoy ſuis-je coupable!
Dans le noble deſſein qui m'a conduit icy,
Mon crime eſt ſeulement d'auoir mal reüßi.
Vange-toy, ſauue-toy des efforts de ma haine,
Si ie ſuis dans tes fers ie puis rompre ma chaiſne;
Croy moy, n'eſpargne point vn puiſſant ennemy,
Tu n'en as iuſqu'icy triomphé qu'à demy,
Acheue & par ma mort aſſeure ta victoire.

ALEXANDRE.

Ah! que ta trahiſon eſt funeſte à ma gloire!
Grands Dieux! me faites-vous vn ſi cruel deſtin?
Si ie dois triompher eſt-ce d'vn aſſaßin?

PORVS.

Mon ame de dépit & de rage enflammee
M'oblige à te chercher au cœur de ton armee,
N'ayant pû iuſqu'icy te rencontrer ailleurs.

ALEXANDRE.

Donne à ta trahiſon de meilleures couleurs,
De ton noir attentat tu ſçais mal te defendre,
Il n'eſt pas mal aiſé de treuuer Alexandre;

Tu ne le peux trouuer, luy, qui dans les combats
S'expose tous les iours au moindre des soldats;
Luy qui vient de si loin fondre comme vn tonnerre
Au cœur de tes Estats te declarer la guerre.

PORVS.

Luy qui fait en tyran tout ce qu'il entreprend,
Luy qui n'ose attaquer & fait le conquerant,
Qui n'employant iamais de moyens legitimes
Vsurpe les Estats à la faueur des crimes.

ALEXANDRE.

Ie ne dois qu'à ce cœur, ie ne dois qu'à ce bras,
Ma gloire, ma grandeur, ta perte & tes Estats,
Qu'appelles-tu tenter des moyens legitimes?
Est-ce te restablir à la faueur des crimes?
Est-ce entrer dans mon camp, suiure vn Ambassadeur?
Descendre de ton trône, oublier ta grandeur?
Te cacher dans ma tente & m'attaquer en traistre?
Perfide, est-ce par là que tu te fais connoistre?
La poudre qui s'esleue en mille tourbillons
Sous les pas triomphans de mes fiers bataillons,
Tant de forts renuersez & tant de murs superbes
Dont le fameux debris est caché sous les herbes,
Tes soldats par ce fer de mille coups percez,
Tes escadrons tousiours plians ou renuersez,
Font voir pour ton malheur que du moins Alexandre
Attaque beaucoup mieux que tu ne sçais defendre.

PORVS.

Ioints à ces vanitez celle de ton amour :
C'est par là que ie perds & l'honneur & le iour ;
Tu n'eus que ce moyen pour conquerir l'Indie ;
Et tu n'eus que par là du pouuoir sur ma vie.

ALEXANDRE.

Ah ! Porus, i'ay pitié de ton aueuglement.

PORVS.

Et moy i'ay de l'horreur de ton déreglement.

ALEXANDRE.

Ah ! c'est faire à ma gloire vn trop sensible outrage.

ARGIRE.

Ah ! Seigneur.

ARSACIDE.

Dans mon sang viens assouuir ta rage,
Que tous ses traits mortels se destournent sur moy :
Frape.

ALEXANDRE.

Va, tu suiuras le destin de ton Roy.

Alexã-
dre s'en
va auec
Perdic-
cas.

SCENE VII.

ARGIRE.

QVel sera ce destin, consulte auec ta gloire
Comme tu dois vser des traits de ta victoire?
Ne laisse pas languir vn Roy dans ses liens,
Tire-le de ses fers & redouble les miens;
Et puis que c'est pour moy qu'il s'expose à l'orage,
Accable-moy des maux où son amour l'engage,
Pour rendre mes ennuis vn peu moins rigoureux,
Oste à mon mauuais sort au moins vn malheureux.

ALEXANDRE.

Oüy Reyne...

PORVS à Argire.

Garde-toy de suiure son enuie,
Lâche, ma liberté te couteroit la vie,
Il faut finir mes iours, & non pas ma raison,
Porte iusques au bout ta noire trahison,
Tu m'as mis dans ses fers, acheue ton ouurage.

ARGIRE.

ARGIRE.

Moy?

PORVS.

Toy perfide toy?

ARGIRE.

Iuſtes Dieux quelle rage!

Quoy Porus?

PORVS.

Ne fains point de répandre des pleurs
Ton remords les arrache, & non pas mes malheurs:
Mais chaſſe ces remords & ceſſe de te plaindre,
Alexandre eſt ſauué; tu n'as plus rien à craindre,
Mon riual eſt paiſible & par ta lâcheté
Contre tous mes efforts il eſt en ſeureté ;
Garde, garde ces pleurs que tu deuois répandre,
Si i'euſſe triomphé de ce grand Alexandre.
Argire ſi le ſort vient à le trauerſer
Tu maudiras tes yeux, qui n'en pourront verſer.

ARGIRE.

Où ce cœur innocent treuuera-il des armes
Puiſque meſme tu fais vn crime de mes larmes?
Soupirs, larmes, ſanglots vous eſtes ſans effort;
Et ie n'ay du ſecours que celuy de la mort,

K

J'y cours. Porus au nom de ta premiere flame
Prens les derniers soupirs de ta mourante femme;

PORVS.

Laisse-moy.

ARGIRE.

Quoy cruel tu ne m'écoutes pas.
Va tigre. Cependant que ie cours au trépas,
Que mon sang va monstrer quelle est mon innocence;

A Alexandre. *Daignez dire, Seigneur, vn mot en ma defense.*

PORVS.

Arreste-là, Clarice.

CLARICE.

Ah Madame! vn moment?

ALEXANDRE.

Que ie me sens touché de son aueuglement!

PORVS.

Argire, arreste encor.

ARGIRE.

Que me veux-tu barbare?

ALEXANDRE.

Commence à mieux traiter vne vertu si rare.
A tes derniers soupçons mesure le premier.
Tu vois dans cet escrit qui t'a faict prisonnier.
Madame esperez mieux.

PORVS.

Ciel qui voids mon martyre
Prends contre ma fureur la defense d'Argire.

Il lit.

Alexandre prends garde à toy
Deux hommes par l'ordre du Roy
Sont allez dans ton camp t'immoller à sa haine,
Deffais - toy de ces inhumains,
Et deslors sans aucune peine
Si tu me donnes Oraxene
Ie mets l'Indie entre tes mains.

Attale. Dieux vangeurs prestez-moy vostre foudre.
Ah! traistre, quãd leurs coups te reduiroiẽt en poudre ;
Apres ta trahison, apres tes attentats
Leurs coups les plus cruels ne me vangeroient pas.

ARGIRE.

Attale l'a trahi.

ALEXANDRE.

C'est luy-mesme.

ARGIRE.

L'infame ?

PORVS.

Que de troubles nouueaux s'éleuent dans mon ame !
Mon esprit attentif à cette trahison
Contre ma ialousie arme encor ma raison.
Traistre ne dois-ie pas à ta lâche conduite
De ma ialouse ardeur la naissance & la suite ?
N'est-ce pas ton conseil qui m'ameine en ces lieux ?
M'as-tu pas inspiré ce dessein furieux ?
Et cependant Attale ta trame est découuerte !
Mais elle l'est trop tard, pour empescher ma perte.
Viens lâche, viens iouyr du mal que tu m'as faict.
Où doy-je commencer d'expier mon forfait
Par tout également enuers vous enuers elle,
Ie voy mon cœur coupable & ma main criminelle,
Icy lâche assassin, là barbare, jaloux
Que n'ay-je point commis contre vous contre vous ?
Vangez-vous, vangez-vous, que rien ne vous retienne,
N'auez-vous point de main qui ressemble à la mienne ?

A l'exemple cruel que ie vous ay donné
N'oseriez-vous prester qu'vn esprit estonné ?
Ce fut en moy fureur ; mais en vous c'est iustice.
Par pitié tirez-moy de ce noir precipice ;
Plus i'en veux fuir l'abisme & plus auec terreur.
D'vn timide regard i'en mesure l'horreur.
Plus ma raison m'arrache à cet estat coupable ;
Plus l'objet à mon cœur en paroist effroyable.
Argire , de quel œil vous dois-je regarder ?

ARGIRE.

Ah ! c'est à moy Seigneur à vous le demander.
De quelque trahison dont on accuse Attale ,
Puisque c'est vostre amour qui vous la rend fatale.
I'ay causé vos malheurs , & loing de les guerir,
Peut-estre ay-je vescu d'vn air à les aigrir ?
De tous les deux, Seigneur, ie vous demande grace,
Souffrez qu'auec mes pleurs mon amour les efface.

PORVS.

Ah ! Reine ce n'est pas comme il me faut punir :
Mais tu laisses le soin à mon ressouuenir.
Il te seruira bien, & vous Roy magnanime
Perdez vn criminel.

ALEXANDRE.

Ne parlons plus de crime.

Vous n'auez rien commis qui merite ce nom
Si l'amour n'en eſt vn indigne de pardon.

PORVS.

Mon cœur en iuge mieux que ne fait ta clemence.
Et ie n'ay pas deſſein de fruſtrer ta vengeance,
La mienne te regarde, & ie laiſſe à ton choix
De vanger hautement la Majeſté des Roïs.
Tu ſçais les trahiſons & les crimes d'Attale,
I'en laiſſe la vengeance à ton ame Royale;
Quelque indigne qu'il ſoit de mon reſſentiment,
Mon cœur auec plaiſir attend ſon chaſtiment.

ALEXANDRE.

Hé bien va dans ton camp chaſtier ce rebelle;
C'eſt à toy de punir vn ſujet infidele;
Puis que tu n'as des fers que par ſa trahiſon.
Il eſt de mon deuoir de rompre ta priſon.
Permets qu'à ce deuoir i'adiouſte quelque choſe,
Puis qu'il plaiſt au hazard que d'elle ie diſpoſe,
Auecque tous les tiens, Prince ie te la rends.
Souffre pour la rançon celle de tes enfans.
Que i'adiouſte aux eſtats qui ſont ſous ta couronne
Ceux que ſur tes voiſins ma conqueſte me donne.
I'auray beaucoup gaigné, ſi ie puis à ce prix
Conter le grand Porus au rang de mes amis.

ARGIRE.

O generositez, à qui tout se doit rendre !
O cœur vrayment Royal !

PORVS.

        Tu sçais vaincre Alexandre.
Et le Ciel assemblant tant de vertus en toy.
Sans doute à l'Vniuers ne veut donner qu'vn Roy;
A cette auguste loy i'obeis sans contrainte;
Regne; porte par tout ou l'amour ou la crainte :
Rien ne puisse arrester ton destin glorieux;
Toutefois sans choquer l'ordonnance des Cieux
Trouue bon que ce cœur plein de recognoissance
Ose se prèualoir de ta magnificence;
Il choisit; & des biens que m'offre ta bonté,
Ie te veux seulement deuoir ma liberté,
Ie la reçoy de toy, mais si pleine & si belle
Que mon premier orgueil me reuient auec elle;
Et n'ayant iusqu'ici combattu qu'à demy,
Ie brusle de t'auoir encor pour ennemy.
Apres ce que pour moy ta bonté vient de faire;
Ce desir est ingrat, iniuste, temeraire,
Dont tout autre que toy se pourroit outrager.
Mais le grand Alexandre en sçaura mieux iuger.
Par ta rare faueur mon ame deliuree
Des soupçons qui l'auoient si fort deffiguree,

Reprend ses sentimens & la noble chaleur
De vouloir d'Alexandre éprouuer la valeur.
Souffre donc qu'vn combat acheue nostre guerre;
Non pour te disputer l'Empire de la terre.
Tu peux seul y porter tes desirs iustement;
Les Dieux te l'ont promis, & ie veux seulement
Que quelque grand exploit heureux ou magnanime
Auant ton amitié m'acquiere ton estime.
Ainsi charmé d'vn bien que ie n'ose accepter
Ie ne te combattray que pour le meriter,

ALEXANDRE.

Ton dessein me rauit, adieu. Quoy qu'il arriue
Suiuez ou demeurez, soyez libre, ou captiue.

SCENE

SCENE VIII.

PORVS, ARGIRE.

PORVS.

D*Emeurez.*

ARGIRE.

Ah! souffrez...

PORVS.

Ah! laissez-moy l'honneur
De vous tirer des mains d'vn illustre vainqueur.
Apres tant de biens-faits ie fais tort à ma gloire,
Si ie ne vous obtiens des mains de la victoire;
Puis ie dois d'autant plus receuoir de l'éclat
Du succez que i'attens de ce dernier combat,
Que i'y dois signaler mon deuoir & ma flame,
Releuer mon Empire & rachepter ma femme.

L

ARGIRE.

Quoy? faudra-t'il, Seigneur, apres tant de hazards
Tenter encore vn coup la fortune de Mars?
Cet honneur delicat dont voftre ame s'abufe
A mon timide amour eft vne forte excufe.

PORVS.

Argire mon devoir ne s'en peut dégager;
Mais n'en redoutez rien qui vous puiffe affliger,
Adieu. Toy cependant viens voir noftre vengeance,
Et dans le fang d'Attale amoindrir mon offence.

Fin du quatriefme Acte.

ACTE V.

SCENE PREMIERE.

ARGIRE. CLARICE, ORAXENE, CLAIRANCE.

ARGIRE.

H E' bien Attale est mort.

CLARICE.

Phradate m'a tout dit.
Et m'a fait de sa mort vn fidelle recit,

ARGIRE.

Parle.

CLARICE.

Sa trahison estoit si bien tissuë,
Que les Dieux seuls pouuoient en détourner l'issuë.

S ij

PORVS,

Ie ne vous diray pas par quel eſtrange erreur
Il fit naiſtre du Roy la ialouzé fureur ;
Mais enfin ce fut luy qui ſema dans ſa tante
Des billets à troubler l'ame la plus conſtante :
Et ſceut auec tant d'art ſes ſoubçons ménager
Que le Roy n'a depuis ſongé qu'à ſe vanger.
Dans la meſme entrepriſe il engage Arſacide :
Ils viennent dans ces lieux. Cependant le perfide
Aduertit Alexandre ; & couurant ſes deſſeins
Sous des noms inconnus cache les aſſaßins,
Afin que dans l'erreur de leur baſſe naiſſance
Alexandre en tiraſt vne prompte vengeance.
Et que luy par leur mort ſeul maiſtre des ſoldats
Il peut ſans nul obſtacle vſurper vos Eſtats.

ARGIRE.

Quelle ſuite grands Dieux d'attentats & de crimes ?

CLARICE.

Il croyoit que l'amour les rendroit legitimes.
Ne pouuant l'obtenir ny du Roy ny de vous.
Il vouloit l'acquerir par la perte de tous.
Deſia depuis long-temps il formoit cette trame ;
Et le peu de combat que rendit cet infame
Quand il dûst vous ſauuer des mains de Perdiccas,
Fut le commencement de ces noirs attentats.

CLAIRANCE à Oraxene.

Ainſi de ma priſon ie vous ſuis obligee.

ORAXENE.

Mais vous n'en eſtes pas ma ſœur trop affligee.

ARGIRE.

Acheue.

CLARICE.

Cependant par l'abſence du Roy
Tout le camp ſe remplit de triſteſſe & d'effroy.
Iuſques aux plus zelez tout le monde en murmure,
Quelques ſeditieux paſſent iuſqu'à l'injure :
Et gagnez par Attale ils portent les ſoldats
A demander vn Roy qui ne les quitte pas.
Faiſons, dit-il, vn Roy qui nous puiſſe defendre,
Et qui ſçachant flechir ou combattre Alexandre,
Apres tant de perils & des trauaux ſoufferts
Nous rende à nos enfans, & nous ſauue des fers.
Ces mots volants par tout excitent leur furie;
Araſpe s'oppoſant à la mutinerie
Percé de mille coups tombe; & par ſon malheur
De vos meilleurs ſubiets rallentit la chaleur.
Voyant que reſiſter c'eſt croiſtre le tumulte :
Ils cedent, & d'abord on s'aſſemble, on conſulte :

Attale eſt éleu Roy, ſes vœux ſont ſatisfaits?
Pour gagner les ſoldats il leur promet la paix?

ARGIRE.

Eſt-ce là le ſuccez que tu m'as faict attendre ?

CLARICE.

Ecoutez tout. Croyant l'obtenir d'Alexandre
Luy-meſme il vient l'offrir ; mais il eſt arreſté
Par Porus & par ceux qui l'auoient eſcorté.
Recognoiſſant le Roy ; d'abord il perd courage ;
Mais auſſi-toſt tournant ſon deſeſpoir en rage
Il crie auec fureur, Aux armes mes amis
Voici le plus cruel de tous vos ennemis ;
Il vient de vendre aux Grecs vos femmes & vos vies,
Mais le Ciel pour punir ces noires perfidies
Sans defence en vos mains le liure à cette fois
Frapez ; & par ſa mort confirmez voſtre choix.
Il eſt hors de ſaiſon de s'en pouuoir dédire :
Et voſtre ſeureté depend de mon Empire.
Eux cependant preſſez de leur noir attentat
Par des regards affreux s'animent au combat ;
D'autre coſté les Grecs voyant leur contenance
Pour ſecourir leur Roy ſe mettent en defence ;
Là Porus à l'obiet de cette trahiſon
Sent fremir tout ſon corps & troubler ſa raiſon.
Tout ſon ſang vers le cœur ſe ramaſſe & ſe preſſe ;
Il pâlit ; mais ce ſang d'vne meſme viteſſe

Se repand au dehors auec tant de chaleur
Qu'on ne peut de son front soustenir la lueur,
Ses yeux estincellans de colere & de flamme
Vont porter la terreur iusques au fonds de l'ame.
Amis, (dit-il) parlant aux Macedoniens,
Ce n'est pas me seruir que d'attaquer les miens.
De leur perfide chef laissez-moy la vengeance.
Auec tant de fureur à ces mots il s'auance,
Qu'Attale & tous les siens frappez d'estonnement,
Confus, épouuentez restent sans mouuement:
Mais voyant le Roy seul ils reprennent courage,
Soudain pour profiter d'vn si grand auantage
Font mine d'attaquer. Loin de parer leurs coups
Le Roy iette son casque, & se fait voir à tous.
Amis (leur crie-t'il) qu'on enchaine ce traistre:
Lors Attale tremblant à la voix de son maistre
Comme vn serf fugitif, qui se sent approcher,
Dans la foule des siens tâche de se cacher.
Mais en vain; le Roy suit ; & les siens sans defense
Liurent ce criminel à sa iuste vengeance.
Seul parmi tous les Chefs d'vn party reuolté
Le Roy pour les dompter n'a que sa Majesté.
Mais admirez l'effect de sa force Royale ;
Ses plus chers confidens se tournrnt contre Attale.
Et portent contre luy tant de coups inhumains
Qu'à grand peine le Roy l'arrache de leurs mains.
Lors ce traistre à ses pieds au poinct de rendre l'ame
Découure aux yeux de tous son infidele trame.

Tout le monde en fremit, quand d'vn ton éleué
Graces (dit-il) deſtins tout n'eſt pas acheué.
Mon riual Arſacide écumans de furie
Il perd auec ces mots & la voix & la vie.

ORAXENE.

Ah! mot plein pour mon cœur de menace & d'effroy.
Clarice que faiſoit Arſacide ?

ARGIRE.

Et le Roy.

CLARICE.

Porus voyant enfin les deux camps en preſence
Depeſche aux ennemis auecque diligence;
Et ſans perdre vn moment leur offre le combat.
Là ſoudain chaque Chef anime le ſoldat.

ORAXENE.

Mais dy-moy promptement que faiſoit Arſacide ?

CLARICE.

On l'ignore.

CLAIRANCE.

Ma ſœur vous eſtes trop timide.

CLARICE.

CLARICE.

Il est vray que l'on croit qu'auecque Perdiccas.

CLAIRANCE.

Ah! ie t'entens.

ORAXENE.

Ma sœur ne vous allarmez pas.

ARGIRE.

Porus est donc aux mains; quel destin est le nostre?
Sans sortir d'vn malheur nous tombons dans vn autre.
Nous abandõnez-vous & pouuez-vous grands Dieux
Veillant pour tout le monde estre pour nous sans yeux?

ORAXENE.

Dieux vous qui contemplez du haut de vostre gloire
Qui de nous ou du sort emporte la victoire;
Iusqu'à quand voulez-vous croistre nos déplaisirs;
Et d'vn aspre dédain rejetter nos soupirs?

M

SCENE II.

ARGIRE, PHRADATE, ORAXENE,
CLAIRANCE, CLARICE.

ARGIRE.

MAis Phradate reuient ; ie voy sur son visage
D'vn malheureux succez, le sinistre presage.
Hé! bien le Roy Phradate, ah! tu ne respond pas :
Ce silence cruel m'annonce son trépas.

PHRADATE.

Rien ne peut resister au destin d'Alexandre.
Tout est perdu, Madame, il est temps de se rendre.

ARGIRE.

Quoy? Porus est donc mort ; ne me deguise rien.

PHRADATE.

Le Demon de la Grece est plus fort que le sien.
Il vit. Mais las...

ARGIRE.

Phradate apprens moy sa disgrace.

PHRADATE.

Madame ; puisqu'il faut que ie vous satisface.
Aussi-tost que le Roy parut aux yeux de tous,
On voit tous ses soldats tomber à ses genoux.
Renouueller le vœu de leur obeissance,
Et d'vn cry pitoyable implorer sa clemence.
Selon qu'ils auoient pris son party dans leur cœur.
On voit leur front serain, & couuert de frayeur.
Et luy par les effects d'vne clemence rare
Confondre tous les siens, que le crime separe.
Amis (leur a-t'il dit) vous estes innocens ;
Attale a seul failly. Ces mots doux & pressans
Les font leuer de terre ; & leur cachant leur honte
R'animēt tous leurs fronts d'vne ardeur viue & prōpte,
Porus en peu de mots les anime au combat ;
Leur parle de vos fers, de l'honneur, de l'estat,
Et sans leur amoindrir le peril, ny croistre,
Leur disant seulement ce qu'il en faut cognoistre.
Suiuez-moy, reprent-il, ie vay vous exhorter
Par les coups glorieux que mon bras va porter.
Il dit. Et cependant Alexandre s'auance ;
On voit à mesme temps ces deux Rois en presence ;
Qui sans perdre vn moment à se considerer

PORVS,

D'vne égale valeur se viennent mesurer.
Là d'vn commun accord vne loüable rage
Dessus ce sang Royal exerce leur courage.
L'espoir de la victoire excitant leur ardeur
Releue le vaincu, renuerse le vainqueur.
Tantost Porus triomphe, & tantost Alexandre.
Mais pressé de tous deux ne sçait à qui se rendre,
N'ose se declarer, & laisse en cet instant
Le succés du combat incertain & flottant.
De ce choc furieux & l'vne & l'autre armée
Chacune pour son Chef puissamment allarmee,
Opposant sa valeur à leurs sanglans efforts
Presente à leur courroux tout vn monde de morts.
Luy fait veoir que Hydaspe en rauageant la plaine,
Enflé de tant de sang qu'a répandu leur haine,
Dans son debordement entraine à flots pressez
Des montagnes de morts l'vn sur l'autre entassez.
Mais rien ne pût calmer cette funeste enuie;
Et leur fureur lassée & non pas assouuie
Pour donner à leurs coups plus d'espace & de temps
Dérobe l'vn & l'autre aux yeux des combattans,
Là par l'ardeur de vaincre encore r'allumée
La valeur de leur sang deuient plus affamée.
Ils reuiennent aux mains auec plus de fureur;
Par des coups redoublez signalent leur valeur;
Et la cheute du Roy seulement les separe.
Pour Alexandre enfin le destin se declare;
Ce Roy tombe à ses pieds; il veut le releuer;

Et defcend de cheual afin de le fauuer.

ARGIRE.

O ! generofité fauorable & funefte,
Que ie benis cent fois, que cent fois ie detefte.

PHRADATE.

Mais le Roy dedaignant vn fecours ennemy,
Ne fe croit malheureux ny vaincu qu'à demi ;
Et fon cœur ramaffant le refte de fes forces
De fes foins obligeans répouffe les amorces.
Il faict tout ce qu'il peut, mais fon corps abattu
Par des coups languiffans trahiffant fa vertu
Et fa foible vigueur femant mal fon courage
Fait de l'autre cofté voler tout l'auantage.

ARGIRE.

Helas ! mais pour le moins puif-je bien efperer
De le reuoir encor.

PHRADATE.

      I'ofe vous l'affurer,
Les Dieux ont trop de foin de cette illuftre vie,
Qu'vn fort capricieux a long-temps pourfuiuie.

ARGIRE.

Quoy ? tu crois que les Dieux qui l'ont perfecuté
Efclaues d'Alexandre & de leur cruauté

Dont l'aueugle fureur ne peut estre assouuie
Abandonnant sa gloire ayent pris soin de sa vie?

SCENE III.

ARGIRE continuë.

NON, non, pour m'acheuer ils offroient à mes yeux
Son vainqueur teint d'vn sãg qui m'est si prècieux.
Le vois tu pas enflé de l'orgueil de sa gloire,
Qui vient à mon malheur estaller sa victoire?
Mais qu'elle tyrannie, & qu'elle cruauté.
Viens tu vanter ce coup que ton bras a porté?

ALEXANDRE.

Madame...

ARGIRE.

Acheue enfin; signale ton courage
Par les plus noirs degrés où peut monter ta rage;
Et si tu n'as assez de ce malheureux flanc,
I'offre à ta cruauté le reste de son sang.
Ouy, s'il te faut encore Oraxene & Clairance;
Ie ne dérobe rien au cours de ta vengeance;

Elle a raui le pere, & doit en ce moment
Entrainer les enfans dans son debordement.

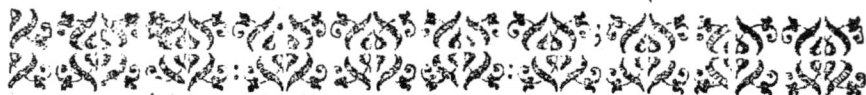

SCENE IV.

PORVS.

REyne que faites-vous.

ARGIRE.

Ah! moment plein de ioye
Ah! seigneur se peut-il qu'encore ie vous reuoye?
Pardonnez, grand Monarque, à l'iniuste courroux
Que ma douleur seduite a pressés contre vous.
C'est elle malgré moy qui m'inspiroit ce crime.

ALEXANDRE.

Vostre ressentiment estoit trop legitime.

CLAIRANCE.

Ah! Seigneur! que de pleurs vous nous auez coûté.

PORVS.

Princesses ce vainqueur vous rend la liberté,

Il fait plus, il me rend la puiſſance Royale,
Mais auec tant d'excés, que ſa main liberale
Ioint ce que l'Inde enferme à mes anciens eſtats.

ARGIRE.

Il a trop faict pour nous il a faict des ingrats.

ORAXENE.

Nous ne pouuons, Seigneur, eſtant dans l'impuiſſance
Monſtrer que par des vœux noſtre recognoiſſance.

PORVS.

Ie hayreis le ſceptre, & le tiltre de Roy
S'il falloit les tenir d'vn autre que de toy.
Mais pour me conſoler du ſort de cette guerre,
Ie n'ay qu'à regarder tous les Roys de la terre.
Ils ont tous merité ta haine ou ta pitié;
Et i'oſe me vanter d'auoir ton amitié.
Ma perte en cet eſtat vaut mieux qu'vne victoire,
De ce dernier combat naiſtra toute ma gloire,
Et bien que ie me voye à tes pieds abatu
Ie ſuis trop glorieux de t'auoir combatu.
Alexandre dont l'ame eſt toute genereuſe,
A rendu par ſon bras ma defaite orgueilleuſe.
Enfin cet inuincible & qui dans les hazards
N'oppoſe que ſon bras à la fureur de Mars...

ALE

ALEXANDRE.

Ces eloges grand Roy furprendroient Alexandre
S'il ne fçauoit la fource où vous les allez prendre,
C'eſt de voſtre vertu, qui faiẟ mille jaloux
D'où naiſſent ces ruiſſeaux qui retournent chez vous.
C'eſt elle qui faiẟ voir aux plus puiſſans Monarques
De ſon éclat fameux les plus brillantes marques,
Elle vous les inſpire , & ne vous en inſtruit
Que par le grand amas qu'elle a deſia produit.

SCENE DERNIERE.

ORONTE, CLAIRANCE, ORAXENE, ARGIRE,

ALEXANDRE, PORVS, ARSACIDE,

PERDICCAS.

ORONTE.

AH! Seigneurs reſiſtez à leur ſanglante enuie,

CLAIRANCE.

Perdiccas.

N

ORAXENE.

Arſacide.

ARGIRE.

Dieux quelle furie!

ALEXANDRE.

Qu'eſt-ce cy Perdiccas,

PORVS.

Arſacide arreſtez.

ALEXANDRE.

D'où naiſt ce differend ?

PORVS.

Quoy vous vous emportez ?

ARSACIDE à Alexandre.

Qu'il ne pretende pas, ô vainqueur magnanime,
De prendre quelque part à cet honneur ſublime ;
Dont vn ſi grand ſuccez vous couronne auiourd'huy ;
Il n'a rien fait encor ny pour vous ny pour luy,
Si vous ne permettez que ma propre defaite
Rende auec vos exploits ſa victoire parfaite ;

Mais vous le souffrirez ; son honneur vous est cher
Et vous ne voudriez pas qu'on peut vous reprocher,
Que priué de l'honneur qu'attend vostre victoire,
Il eut suiui de loin le char de vostre gloire,
Et que l'on prit enfin ce Prince genereux
Pour vn témoin oisif d'vn combat si fameux.

PERDICCAS.

Si vostre majesté pour conseruer ma vie
Luy defend d'acheuer sa genereuse enuie,
Et si vostre pouuoir agissant pleinement
Songe à me dérober à son ressentiment.
Ces soupçons delicats, & mortels à ma gloire
D'vn reproche eternel souïlleroient ma memoire,
Et flestrissant mon nom me feroient voir à tous
Indigne des honneurs que i'ay receus de vous.
Quoy ? l'on auroit pour moy des sentimens si lâches ?
Et ie serois noircy de ces honteuses tâches !
Il ne sera pas dit : non il ne dira pas,
Que iusqu'à vostre tente il poussa Perdiccas,
Et que là ne pouuant assouuir sa colere
Lassé de tant poursuiure vn si foible aduersaire
Son cœur auec dédain reprochoit à ses yeux
Vne lâche defaite , vn triomphe odieux.

PORVS,

ALEXANDRE.

Quelle aueugle fureur vous pousse l'vn & l'autre ?
Quel est ce differend qui dure apres le nostre ?
Nos discords sont finis vous combattiez pour nous.

ARSACIDE.

Mais dans nostre combat l'vn de l'autre jaloux
N'estant pas bien d'accord de tout ce qui s'y passe,
A vostre Majesté demeure cette grace ,
Que ce dernier effort luy soit encor permis.

ALEXANDRE.

Ie veux vous accorder genereux ennemis.

PERDICCAS.

Souffrez , souffrez grand Roy que ie le satisfasse.
Puis qu'il se plaint de moy faites-moy cette grace.

ALEXANDRE.

Perdiccas c'est assez me faire demander,
Quel est ce differend que ie veux accorder?

PERDICCAS à Clairance.

C'est ... Madame.

CLAIRANCE.

Parlez.

PERDICCAS.

C'est que la mesme flame
Dont son cœur est épris regne dedans mon amé.

à ALEXANDRE.

Il est autant aimé que ie puis estre amant ;
Seigneur ; & son bonheur fait mon ressentiment ,
Clairance me surprit à l'éclat de ses charmes.

ARSACIDE.

Quoy Clairance ! à ce mot Prince ie rends les armes.

à ORAXENE.

Madame , mon esprit iustement interdit
Cherche encor incertain ce que ce Prince a dit.

ARGIRE.

Il est temps de finir vostre iniuste querelle.

à PORVS.

Permettez qu'il espere en soupirant pour elle.
Vn nœud si glorieux & si bien assorti
Vous defend d'incliner à tout autre party.

ALEXANDRE à Porus.

Grand Roy si ma priere a chez vous quelque place,
Et si i'ose pour luy demander cette grace.

PORVS.

Puisque vous le voulez en l'estat où ie suis
Vous pouuez disposer de tout ce que ie puis.
I'accepte auec plaisir cet heureux hymenee.
Alexandre & les Dieux vous l'auoient destinee,
Prince ie vous l'accorde.

PERDICCAS.

O! iustes immortels
Que ie vous dois de vœux, & d'encens & d'Autels,
Ah! diuine Clairance, adorable Princesse,

ARSACIDE à Oraxene.

Madame de quel œil verrez-vous ma foiblesse?
Que dois-je deuenir? & n'est-ce pas assez
Maltraiter vn amant pour des soupçons passez.

ORAXENE.

Ouy, puisque Perdiccas les rendoit legitimes,
Et que l'infame Attale adjoustoit à ses crimes
Cette fatale erreur qui vous rompoit tous deux,

PORVS.

Rendons grace aux bontez d'vn vainqueur genereux,
Puiſſe-t'il à iamais plus craint que le tonnerre
Faire à tout l'Vniuers vne auſſi douce guerre ;
Et puiſſent par ſon bras cent Princes eſtonnez,
Se voir à meſme temps captifs & couronnez.

ALEXANDRE.

Puiſſe-t'il en tous lieux & dans chaque victoire
Combattre & triompher auec tant de gloire.
Aimer ſi iuſtement ceux qu'il aura ſoumis,
Et rencontrer par tout de pareils ennemis.

Fin du cinquieſme Acte.

www.ingramcontent.com/pod-product-compliance
Lightning Source LLC
Chambersburg PA
CBHW060630100426
42744CB00008B/1567